Rechen-Unterricht und der Waldorfschul-Plan

Rechen-Unterricht

und der

Waldorfschul-Plan

Prof. Dr. Hermann von Baravalle

J. CH. MELLINGER VERLAG STUTTGART

3. Auflage 1995

Gesamtherstellung: Wiener Verlag, Himberg bei Wien
Printed in Austria
ISBN 3-88069-019-7

Vorwort

Die folgenden Ausführungen sollen praktisches Material für den Rechenunterricht im Sinne der Methodik der Waldorfschulen vermitteln. Das Buch ist vor allem für die Hand des Lehrers gedacht, der, wie es an den Waldorfschulen geschieht, als autonomer Erzieher jeweils den Lehrgang für seine Klasse individuell ausgestaltet. Damit ist jedoch nicht gemeint, daß das vorliegende Material etwa nur an Waldorfschulen Verwendung finden könnte. Die Lehrmethoden der Waldorfschulen beruhen auf allgemein gültigen Entwicklungsgegebenheiten des Kindes und können daher einen Platz auch an jeder Schule und innerhalb jeden Lehrplanes einnehmen. Gegenseitiger Befruchtung in der Unterrichtspraxis, entsprechend der Konzeption von „Privatschulen besonderer pädagogischer Prägung" innerhalb des allgemeinen Schulwesens, soll damit gedient werden.

Bei dem vorliegenden Umfang kann an eine Vollständigkeit des Materials nicht gedacht werden. Wenn daher manche Inhalte nicht aufgenommen sind, so ist damit nicht gesagt, daß diese im Lehrgang der Waldorfschulen etwa ausgelassen werden. Was herausgegriffen wurde, sind charakteristische Phasen des Unterrichts, die dann anhand weiteren Materiales unter Verwendung vielseitiger Literatur von innerhalb und außerhalb der Waldorfschul-Bewegung zu ergänzen sind.

Die Darstellungen sind eine erweiterte deutsche Ausgabe der 1950 am Adelphi-College in Garden-City bei New York erschienenen Schrift des Verfassers: „Teaching of Arithmetic and the Waldorf School Plan". Eine kurze Zusammenfassung der methodischen Leitgedanken für den Rechenunterricht findet man auch in der in der Schweiz erschienenen Schrift des Verfassers: „Methodische Gesichtspunkte für den Aufbau des Rechenunterrichtes in der Volksschule" (Troxler-Verlag, Bern 1952).

Hermann von Baravalle

Einleitung

Innerhalb der letzten Jahrzehnte lassen sich im wesentlichen drei Komponenten in der Entwicklung der Methodik des Rechenunterrichts erkennen, die in verschiedenen Ländern, sowohl zeitlich nacheinander, wie auch räumlich nebeneinander verfolgt werden können. Die erste Komponente steht vornehmlich mit den Prinzipien einer „Lernschule" in Zusammenhang, und ihre Betonung kann mit folgenden Sätzen zusammengefaßt werden: Es ist eine Notwendigkeit und unerläßliche Forderung des Lebens, das Rechnen in der Schule gründlich und sicher zu erlernen. Das ist das Ziel des Rechenunterrichts. Es muß dem Schüler, ob er dies zunächst schon einsieht oder auch nicht, das nötige Maß von Instruktion und Übung vermittelt werden, wofür er später einmal dankbar sein wird.

Für die zweite Komponente, die heute besonders in den Vereinigten Staaten von Nordamerika, aber auch in zunehmendem Maße in Europa vertreten wird, kann die Betonung mit den folgenden Worten zusammengefaßt werden: Der Rechenunterricht erfordert eine besondere Sorgfalt in seiner methodischen Handhabung. Es sind in ihm mehr als bei anderen Lehrgegenständen Fälle des Versagens von Schülern zu verzeichnen. Solches Versagen wirkt sich teilweise bis zu einer Beeinträchtigung des Selbstvertrauens aus, was sich auch noch jenseits der Schulzeit bemerkbar machen kann. Eingehende Untersuchungen haben ergeben, daß einem nicht unbeträchtlichen Teile des in den Lehrplänen verschiedener Schulgattungen geforderten Stoffes nur ein geringes Maß tatsächlichen Anwendens im späteren Leben der Schüler entspricht. Drill soll vermieden werden und der Schwerpunkt des Unterrichts auf praktischen Aufgaben liegen. Ein lebensnaher Unterricht unter Weglassen unnötigen Ballastes soll das Ziel entsprechender Reformen sein.

Die dritte Komponente, die historisch jüngste, stützt sich auf Beobachtungen, die wieder einen anderen Gesichtspunkt hervorgebracht haben. Sie tritt einem z. B. an dem folgenden Beispiel aus einer Fachbesprechung auf der Columbia-Universität in New York entgegen: Ein Schulrat berichtete, wie er auf seinen regulären Schulbesuchen in eine

Klasse gekommen war, in der angewandte Beispiele geübt wurden. Verschiedene Beispiele wurden vorgenommen, und die Schüler mußten jedesmal angeben, welche der vier Rechnungsarten anzuwenden wären. Dem Schulrat fiel dabei ein Junge auf, der stets schon, kaum daß das letzte Wort des Aufgabentextes ausgesprochen war, das Zeichen gab, er könne die Antwort geben. Wenn der Junge aufgerufen wurde, gab er auch die richtigen Antworten. Als dann die Pause gekommen und die Schüler in den Hof gegangen waren, suchte der Schulrat den Jungen auf und begann ein Gespräch mit ihm. Zuerst mußte ein gewisser Kontakt hergestellt werden, dann sagte der Schulrat: „Nun, ich habe mich gefreut, wie rasch Du immer Zeichen gegeben hast und auch die richtigen Antworten geben konntest." Der Junge lächelte etwas verschmitzt. „Ich glaube, Du hast Dir dabei etwas Besonderes ausgedacht." Erneutes Lächeln, nicht ohne den Ausdruck eines gewissen Mißtrauens. Als auch dieses im weiteren Gespräch beseitigt und dem Jungen zugesichert worden war, daß er keine Sorge zu haben brauchte, gab er sein Geheimnis preis. „Ja, ich habe mir etwas ausgedacht. Wenn in der Aufgabe viele kleine Zahlen vorkommen, so wird addiert. Wenn darin zwei lange Zahlen stehen, wird die kleinere von der größeren subtrahiert. Sind aber zwei nicht so lange Zahlen darin, so werden sie miteinander multipliziert und bei einer längeren und einer kurzen Zahl die längere durch die kurze dividiert." Darauf nahm der Schulrat das Rechenbuch der betreffenden Klasse vor und ging sämtliche angewandten Aufgaben nach der Regel dieses Jungens durch. Ergebnis: Die Aufgaben wurden mit 85% richtig gelöst, worauf die Note gut steht. Der Junge, der sich mit seiner Regel um den Text der Aufgaben überhaupt nicht gekümmert hatte, war mit seiner selbstgemachten, reinen Rechenregel genau entgegengesetzt jener Grundannahme verfahren, die ein Ersetzen des reinen Rechnens durch praktische Aufgaben fordert.

Das Beispiel weist in dieselbe Richtung wie auch zahlreiche in verschiedenen Ländern gemachte Erfahrungen, daß eingekleidete Aufgaben weit mehr Schwierigkeiten verursachen als reines Rechnen. Diese Erfahrungen werden noch durch Feststellungen ergänzt, daß die Konzentration in Volksschulklassen durch das Heranbringen von Textangaben an die Rechenaufgaben nicht erhöht, sondern vermindert wird, daß beim Rechnen innerhalb eines Gesamtunterrichtes das Interesse der Kinder mehr an den Gegenständen haften bleibt, mit denen gerechnet wird, als es sich dem Rechnen selbst zuwendet usw.

Auf eine weitere Ergänzung solcher Beobachtungen ist noch mit dem folgenden Beispiel hingewiesen. Ein Kind kommt von der Schule nach Hause: „Nein, Rechnen mag ich nicht, es ist auch zu gar nichts gut. Ich will nicht mehr rechnen." Der Vater, der die Äußerungen mit Besorgnis gehört hat, bemüht sich, dem Kind etwa das folgende nahe zu bringen. „Sieh, man kann nicht sagen, das Rechnen sei zu gar nichts gut. Rechnen ist sogar eine besonders wichtige Sache. Ich muß in meinem Beruf viel rechnen. Man muß rechnen können, wenn man etwas einkauft oder verkauft, wenn man Geld auf der Bank hat usw." Das Kind hört sich alles ruhig an, und nachdem der Vater geendet hat, sagt es nur noch so halb laut vor sich hin: „Und das Rechnen ist doch zu nichts gut." Was liegt hier vor? Das Kind war in einer Rechenstunde gewesen. Was es dabei erlebt hatte, wirkte bedrückend, jedenfalls abbauend. Nun lebt in dem Kinde die natürliche Auffassung seines Alters, daß das, was in ihm subjektiv abbauend ist, auch objektiv abbaut, eine Einstellung, die der Philosophie der frühgriechischen Zeit entspricht. Damit war das Rechnen nicht nur „für das Kind nicht gut" gewesen, sondern auch allgemein „zu nichts gut". Sehr ferne liegt einem Kinde der Volksschuljahre noch der Nützlichkeitsstandpunkt. Kinder dieses Alters handeln um einer Sache selbst willen, nicht deshalb, weil eine Handlung später einmal nützlich sein wird.

Wo für das Kind im Zusammenhang mit dem Rechnen die stärksten Eindrücke liegen, tut sich an Aussprüchen wie den folgenden kund: „Ich kann jetzt schon bis 30 zählen!" „Ich kann jetzt schon ganz schnell zusammenzählen!" „Ich habe jetzt ohne Fehler das ganze Einmaleins von 6 hergesagt!" „Ich habe diese lange Division ganz allein ausgerechnet, und sie geht auf!" Auf den eigenen Fortschritt, auf das schrittweise Entdecken der eigenen Möglichkeiten und das Wahrnehmen des mit den eigenen Fähigkeiten Errungenen wird man damit hingewiesen. Nur damit kann ein Kind vom Werte des Rechnens überzeugt werden, daß es verspürt, wie das Rechnen in ihm erfrischend, ja belebend wirken kann.

Die dritte Komponente in der Methodik des Rechenunterrichts entspricht dem Schritt von der Lernschule und Arbeitsschule zur Erziehungsschule und weiter zur Menschenschule. Ihr Beitrag kann in folgender Weise zusammengefaßt werden: Der Rechenunterricht soll, Hand in Hand mit dem Aufbau soliden Könnens, eine Stärkung des Selbstvertrauens, Erwecken der Freude an selbständiger Betätigung und die

Ausbildung eines beweglichen, nicht stereotypen Denkens heranbilden.

An den Waldorfschulen wird im Rechenunterricht eine Gliederung in drei Stufen vorgenommen. Auf der ersten Stufe, welche die ersten 5 Schuljahre umfaßt, wird das Rechnen aus einem mit den Lebensfunktionen des Kindes noch intim verbundenen Tätigkeitsbereich hervorgeholt und allmählich in der Richtung von innen nach außen erweitert. Auf der zweiten Stufe, in den Klassen 6 bis 8, tritt vor allem der praktische Aspekt in seine vollen Rechte ein. Auf diese Stufe ist der Abschnitt über „Praktische Aufgaben“ eingestellt. Der Übergang zur dritten Stufe, vom 9. Schuljahr aufwärts, ist durch das Hinzutreten des rationalistischen Gesichtspunktes charakterisiert. Dies ist noch im letzten Abschnitt „Ausblick auf die Oberstufe“ an einigen Beispielen ausgeführt.

Das Zählen

Die erste Begegnung, die ein Kind mit dem Bereich des Rechnens hat, liegt schon in der Vorschulzeit und ist gewöhnlich ein freudiges Erlebnis. Das Kind hört zählen, hört diese kurzen Wörtchen nennen, die stets mit eins beginnen und von denen jedes weitere warten muß, bis ein anderes vorher darangekommen ist und dann selbst das Stichwort für ein nächstes ist. Ja, mit diesen Wörtchen hat es schon eine besondere Bewandtnis. Wenn man zur Mutter geht und vor ihr spricht: „Eins, zwei, drei, fünf, sechs ...", so erwidert sie: „Nein, höre genau, Eins, zwei, drei, vier, fünf, sechs." Geht man zum Vater, sagt er dasselbe und so auch andere Menschen. Sonst scheinen sie es nicht so genau zu nehmen, welche Worte man nacheinander sagt, beim Zählen wissen sie es aber ganz genau und handeln mit großer Bestimmtheit. An der besonderen menschlichen Reaktion begegnet das Kind diesen Zusammenhängen zuerst.

Wenn es nun in die erste Klasse kommt, so werden die Beziehungen zum Zählen neu aufgegriffen, systematisch weitergeführt und gepflegt. Am Anfang der ersten Rechenepoche*) fragt der Lehrer die Kinder z. B., ob jemand von ihnen schon zählen könne. Es melden sich vielleicht alle Kinder, aber an der verschiedenen Art des Meldens läßt sich erkennen, welche Kinder sich darin schon besonders sicher fühlen. Man läßt nun ein Kind mit eins beginnen, nach einigen Zahlen dann ein anderes Kind fortsetzen usw. Dabei empfiehlt es sich, zuerst solche Kinder aufzurufen, von denen sich erwarten läßt, daß sie mit dem Zählen wohl nicht sehr weit kommen werden. Diejenigen, die schon sicherer sind, hebt man für das spätere Fortsetzen bei größeren Zahlen auf. Auch wird man mit dem Aufrufen eines nächsten Kindes nicht warten, bis das vorhergehende stecken geblieben ist. So wird schon am ersten Zählen ein beträchtlicher Teil der Klasse beteiligt sein und der Ein-

*) Im Stundenplan der Waldorfschulen wird das Rechnen in „Unterrichtsepochen", in Doppelstunden während der ersten Morgenstunden durch mehrere Wochen hindurch gegeben.

druck zurückbleiben: „Ich konnte auch etwas beitragen", anstatt: „Ich bin steckengeblieben." Beim einmaligen Zählen wird man es nicht belassen. Man wird das Zählen immer wieder vornehmen, wird einzelne Kinder zählen lassen, die Kinder in Gruppen zählen lassen und die ganze Klasse zählen lassen. Besonders solche Kinder, bei denen sich die Gedankentätigkeit noch wenig verselbständigt hat, wird man dabei mit verschiedenen Begleitbewegungen zählen lassen. Man wird laut zählen lassen, leise zählen lassen, rasch zählen lassen, langsam zählen lassen usw. Wiederholung bedeutet für Kinder dieser Altersstufe nicht etwas Langweiliges, sondern eine Selbstbestätigung, eine stete Verstärkung der Selbstsicherheit. Mit dem Zählen lernt das Kind ein Grundelement alles Rechnens kennen, die geordnete und orientierte Folge. Geordnet sind die natürlichen Zahlen, weil für sie eine genaue Reihenfolge festliegt, und orientiert, weil diese stets in bestimmtem Sinne durchlaufen wird.

Zählt man im Schreiten, so kommt immer eine bestimmte Gruppe von Zahlen auf den linken Fuß und eine andere Gruppe auf den rechten. So bilden sich die beiden Gruppen der geraden und der ungeraden Zahlen.

Kinder zählen fast ausnahmslos gerne, mit und ohne Begleitbewegungen. Das Zählen ist auch die Gelegenheit, daß ein Kind länger ohne Unterbrechung sprechen kann als sonst. Von Zeit zu Zeit fragen Kinder: „Wie geht das Zählen weiter?" So kommen sie auch zu 21, 22, 23, 24, ... und dann zu 31, 32, 33, 34, ... und zu 41, 42, 43, 44, ... Sie merken, daß das eins, zwei drei, vier immer wiederkommt. Das macht das Zählen leichter, so daß das lange Zählen-Können, das sie bei anderen Kindern anfangs nur bewundern konnten, nun erreichbarer wird. Wenn man z. B. bei 39 angekommen ist, muß man nur ein nächstes Stichwort wissen: 40, und schon kann man wieder ein gutes Stück weiterzählen: 41, 42, 43, 44, 45, 46, 47, 48, 49. Jetzt braucht man wieder ein neues Stichwort: 50, und damit geht es dann fröhlich zu 51, 52, 53, 54, 55, 56, 57, 58, 59, weiter. So kommt schon zu dem Element der geordneten und orientierten Folge ein weiteres hinzu, die rhythmische Gliederung.

Nachdem das Zählen auf verschiedene Weise geübt worden ist, wird der Lehrer eines Tages, wenn die Kinder gezählt haben, z. B. bei 20, den Daumen einer Hand emporheben und bei 21, 22, 23, 24 ... je einen Finger derselben Hand dazu, bei 25, 26, 27, 28 und 29 dann auch Daumen und Finger der anderen Hand. Wenn dann das nächste neue Stichwort „30“ kommt, hebt der Lehrer wieder den Daumen der ersten Hand und wiederholt das Hinzunehmen der Finger bei 31, 32, 33, und 34. Von 35 bis 39 kommen dann wieder Daumen und Finger der zweiten Hand dazu. Dabei zeigt sich, daß man mit den Fingern immer gerade dann zu Ende kommt, wenn man auch mit dem Zählen, soweit es eben mit dem einen Stichwort reicht, zu Ende gekommen ist. Man hat damit, wie es der Altersstufe entspricht, den Zusammenhang unseres Zehnersystems mit den zehn Fingern kundgetan. Wir haben eben ein Dezimalsystem, weil wir zehn Finger haben.

Wieder etwas später wird man den Kindern bewußt werden lassen, daß auch in den Stichworten selbst nochmals eine Wiederkehr des Zählens vorkommt. Im Stichwort dreißig hört man das Wörtchen drei, in vierzig vier, in fünfzig fünf, usw. Ja, sogar neue Stichworte kann man so finden. Noch später kommt man darauf, daß sich dies nochmals bei den Hundertern, ja Tausendern wiederholt. Immer hat man es im Zählen mit rhythmischen Gliederungen zu tun. Vielleicht frägt ein Kind, wenn es so zu immer größeren Zahlen weitergeht: „Wie lange kann man denn immer weiterzählen?“ Wenn es dann hört, es geht immer weiter und weiter und nimmt nie ein Ende, so ruft das Staunen hervor. Sonst hat alles auf der Welt ein Ende, aber die Zahlen nicht. Damit berührt man die Tatsache, daß man sich im Rechnen über die Grenzen der gegenständlichen Welt erhebt, ein mathematisches Grunderlebnis.

Zum mündlichen Zählen kommt dann auch das schriftliche Zählen hinzu. Viele Kinder kennen schon die Zahlzeichen, wenn sie in die erste Klasse kommen. Der Lehrer wird eines Tages wieder die Frage stellen, welche Kinder schon wissen, wie die Zahlen 1, 2, 3, 4 usw. geschrieben werden, und läßt die Ziffern auf die Tafel malen. Sind sie zuerst fortlaufend geschrieben worden, so können sie dann in Zeilen geordnet werden. In jeder Zeile (horizontale Reihe) und Kolonne (vertikale Reihe) zeigen sich die Wiederholungen der Ziffernfolge von 1 bis 9. Nun wird auch daran gearbeitet, die Ordnung in den Heften möglichst gut wiederzugeben:

1	2	3	4	5	6	7	8	9	10
11	12	13	14	15	16	17	18	19	20
21	22	23	24	25	26	27	28	29	30
31	32	33	34	35	36	37	38	39	40
41	42	43	44	45	46	47	48	49	50
51	52	53	54	55	56	57	58	59	60
61	62	63	64	65	66	67	68	69	70
71	72	73	74	75	76	77	78	79	80
81	82	83	84	85	86	87	88	89	90
91	92	93	94	95	96	97	98	99	100

Eines Tages kann man nun ein gedrucktes Buch in die Klasse bringen und auf die Seitenzahlen hinweisen. Wird das Buch an einer beliebigen Stelle aufgeschlagen, so steht auf der linken Seite eine gerade Zahl und auf der rechten Seite eine ungerade. Man kann die Kinder anregen, in der Bibliothek der Eltern nachzusehen, ob das in allen Büchern so ist; sie bringen dann freudig die Bejahung in die Schule zurück. Dann läßt man sie das Zählen an den Hausnummern verfolgen, an der Uhr, am Kalender usw., und so wird, was sie zuerst am eigenen Tun kennen lernten, nun mannigfaltig im Leben wiedergefunden.

Rhythmisches Zählen und Einmaleinsreihen

Von den im Zählen selbst liegenden rhythmischen Gliederungen läßt sich dann zu weiteren Gliederungen übergehen. Statt im Gleichmaß zu zählen, läßt sich eine Folge von Betonungen, zum Beispiel jeder dritten Zahl, vornehmen:

1, 2, 3, 4, 5, 6, 7, 8, 9, 10, 11, 12 . . .

Läßt man dann noch die unbetonten Zahlen 1 und 2, 4 und 5, 7 und 8, 10 und 11 . . . immer leiser sprechen, bis sie kaum mehr und zuletzt überhaupt nicht mehr hörbar sind, so bleiben nur die Zahlen

3, 6, 9, 12 . . .

übrig. Man hat das Einmaleins von 3 erhalten. Analog läßt sich verfahren, um das Einmaleins von 2, von 4 und von 5 abzuleiten. Das rhythmische Zählen kann wieder von Körperbewegungen begleitet werden, um ein vielseitiges Beteiligen des Gesamtorganismus aufzurufen.

Nachdem verschiedene solche Übungen vorgenommen worden sind, kann man dazu übergehen, die Klasse in zwei Gruppen zu teilen. Durch die eine Gruppe läßt man das Einmaleins von 2 vertreten sein, durch die zweite das Einmaleins von 3. Nun zählt man vor der Klasse, wobei jedesmal, wenn eine Zahl vom Einmaleins von 2 oder 3 ausgesprochen wird, die betreffende Gruppe mitspricht. Die Reihenfolge der Einsätze gliedert sich folgendermaßen:

Zahlen			Einsätze
1	7	13	keine Gruppe
2	8	14	erste Gruppe
3	9	15	zweite Gruppe
4	10	16	erste Gruppe
5	11	17	keine Gruppe
6	12	18	beide Gruppen

Nach je sechs Zahlen wiederholen sich die Einsätze der Gruppen. Die Zahlen, bei denen beide Gruppen gleichzeitig einsetzen, bilden das Einmaleins von 6, das sich auf diese Weise aus den Einmaleinsen von 2 und 3 ableiten läßt.

Nun kann man die Klasse in vier Gruppen einteilen und die erste das Einmaleins von 2, die zweite das Einmaleins von 3, die dritte das Einmaleins von 4 und die vierte das Einmaleins von 6 vertreten lassen. Die Gruppe vom Einmaleins von 2 wird beim Zählen nur dann mitsprechen, wenn die Zahl zum Einmaleins von 2 gehört. Sie wird also bei den geraden Zahlen mitsprechen und bei den ungeraden stumm bleiben. Die

Gruppe, die das Einmaleins von 3 vertritt, spricht nur bei dessen Zahlen mit und bleibt bei allen anderen stumm. Ebenso wird es von den übrigen Gruppen für ihre Einmaleinsreihen von 4 und 6 gehandhabt. Zählt nun der Lehrer vor der Klasse und beginnt mit 1, so spricht niemand mit. Bei 2 spricht die Gruppe vom Einmaleins von 2 mit und die andern bleiben stumm. Bei 3 spricht die Gruppe vom Einmaleins von 3 mit, und bei 4 sprechen zwei Gruppen mit, die vom Einmaleins von 2 und von 4. Bei 5 spricht niemand mit, bei 6 sprechen nun aber drei Gruppen, die der Einmaleinse von 2, 3 und 6; nur die Gruppe vom Einmaleins von 4 bleibt stumm. Dabei ergibt sich die Frage, ob wohl auch noch eine Zahl kommen wird, bei der alle vier Gruppen mitsprechen werden. Nun, man wird es ja hören. Das Zählen geht weiter: Bei 7 spricht niemand mit, bei 8 sprechen zwei Gruppen, die der Einmaleinse von 2 und 4, bei 9 nur die Gruppe vom Einmaleins von 3, bei 10 nur die vom Einmaleins von 2 und bei 11 niemand. Es scheint immer schwächer zu werden. Dann aber kommt 12 und es spricht die ganze Klasse mit. Jedes Kind hat mitgemacht und niemand wird zweifeln, daß 12 eine besondere Zahl ist. Die 12 steht auch oben als höchste Zahl am Zifferblatt der Uhr.

Den Kindern gegebene Ableitungen sollen aber auch in jeder Beziehung stichhaltig sein. Zum Vorigen könnte noch eingewendet werden: Die vier Einmaleinsreihen sind ja in der Weise ausgewählt worden, daß in der Auswahl bereits die 12 vorbereitet war, denn sonst hätte man die vier Gruppen auf die Zahlen 2, 3, 4, 5 und nicht 2, 3, 4, 6 verteilt. Hierauf läßt sich erwidern:: Hätte man dies getan, so wäre die erste Zahl, bei der alle vier Gruppen zusammengekommen wären, die Zahl 60 gewesen. Man hätte also fünfmal so lang darauf warten müssen. Die Auswahl der Reihen 2, 3, 4, 6 stellt jene dar, welche von allen möglichen Auswahlen am frühesten zu einer gemeinsamen Zahl hinführt. Nun kann nicht mehr von einer auf 12 abgezielten willkürlichen Auswahl gesprochen werden, und die Zahl 12 wird damit in ihrer Bedeutung noch unterstrichen. Vielerlei Übungen des Zusammenspielens von Einmaleinsreihen lassen sich in ähnlicher Art vornehmen.

Im schriftlichen Rechnen wird man die mündlich vorgenommenen Übungen erneut aufgreifen. Dem rhythmisch abwechselnden leiseren und lauteren Zählen entsprechend, wird man nun die Zahlen kleiner und größer aufschreiben:

1 2 3 4 5 6 7 8 9 10 11 12

Dann verkleinert man die kleineren Zahlen immer mehr, bis man sie zuletzt gar nicht mehr schreibt und bloß noch übrigbleibt:

3 6 9 12

Wie man im mündlichen Rechnen die Variationsmöglichkeiten von laut — leise, schnell — langsam, hoch — tief zur Verfügung hat, so im Schriftlichen: groß — klein, dick — dünn, verschiedene Farben, Unterstreichen, usw.

Auch das Zusammenspielen mehrerer Einmaleinsreihen läßt sich auf dem schriftlichen Wege durchführen. Man schreibt zunächst die natürliche Zahlenreihe auf und darunter Zeile für Zeile die ausgewählten Einmaleinsreihen z. B. von 2 und 3 und erhält:

1	2	3	4	5	6	7	8	9	10	11	12	13	14	15	16	17	18	19	20
	2		4		6		8		10		12		14		16		18		20
		3			6			9			12			15			18		

Es ergeben sich Dreiecksanordnungen und dazwischen Kolonnen von 6, 12 und 18, den Zahlen des Einmaleins von 6.

Für das Zusammenwirken der vier Einmaleinsreihen von 2, 3, 4 und 6 erhält man:

1	2	3	4	5	6	7	8	9	10	11	12	13	14	15	16	17	18	19	20
	2		4		6		8		10		12		14		16		18		20
		3			6			9			12			15			18		
			4				8				12				16				20
					6						12						18		

Die in allen 5 Zeilen untereinander stehende 12 tritt unmittelbar hervor.

Aus dem Überblick, der sich aus schriftlichen Darstellungen ergibt, läßt sich auch verfolgen, wie sich in den Einmaleinsreihen die letzten Ziffern verhalten: Beim Einmaleins von 2 ist deren Folge: 2, 4, 6, 8, 0 und dann nochmals 2, 4, 6, 8, 0 in 12, 14, 16, 18, 20. Ein Bild der dabei vorliegenden Schritte ergibt:

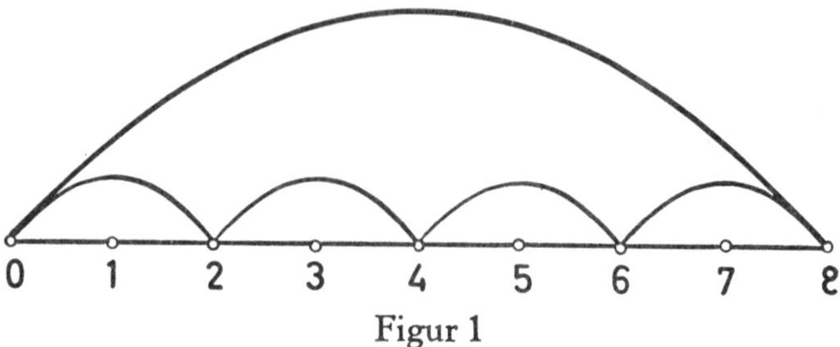

Figur 1

Beim Einmaleins von 4 hat man die Folge: 0, 4, 8, 2, 6, welche auf das nächste Bild führt, in dem die Bögen umso höher gezeichnet sind, je weiter sie gespannt sind:

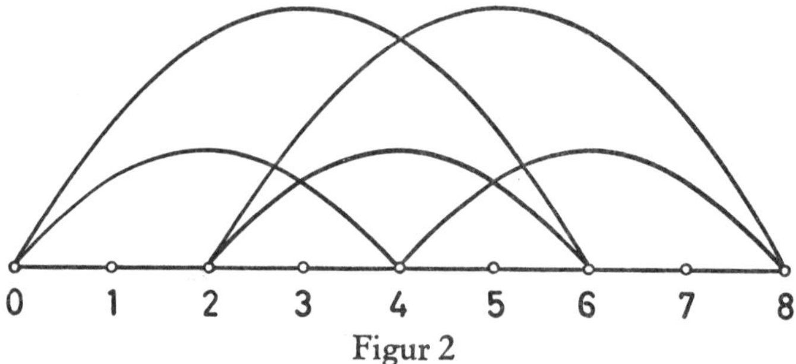

Figur 2

Beim Einmaleins von 3 scheint zunächst eine völlig unregelmäßige Folge der letzten Ziffern vorzuliegen: 0, 3, 6, 9, 2, 5, 8, 1, 4, 7.
Zieht man aber wieder die entsprechenden Bögen, so ergibt sich dennoch wieder ein regelmäßiges Bild:

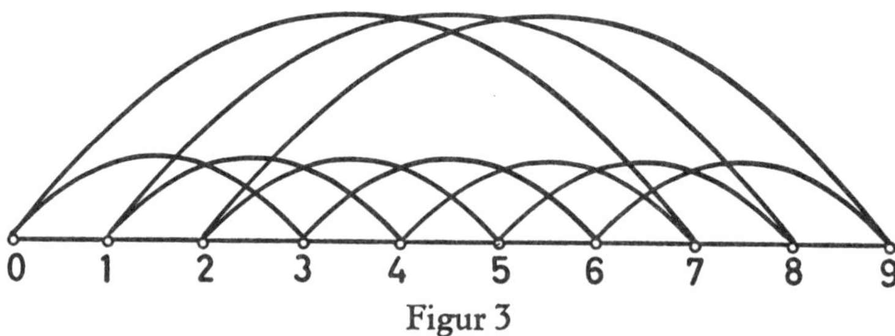

Figur 3

Ähnliches läßt sich auch bei weiteren Einmaleinsreihen verfolgen.

Da sich im Zählen ein rhythmisches Wiederholen in Zehnern abspielt, so läßt sich die Anordnung der Ziffern auch längs eines Kreises vornehmen und das Fortschreiten der letzten Ziffern, z. B. des Einmaleins von 2, entweder durch ein Verbinden jedes zweiten Punktes innerhalb des Kreises (Figur 4), oder ein entsprechendes Ziehen von Bögen außerhalb (Figur 5) verfolgen.

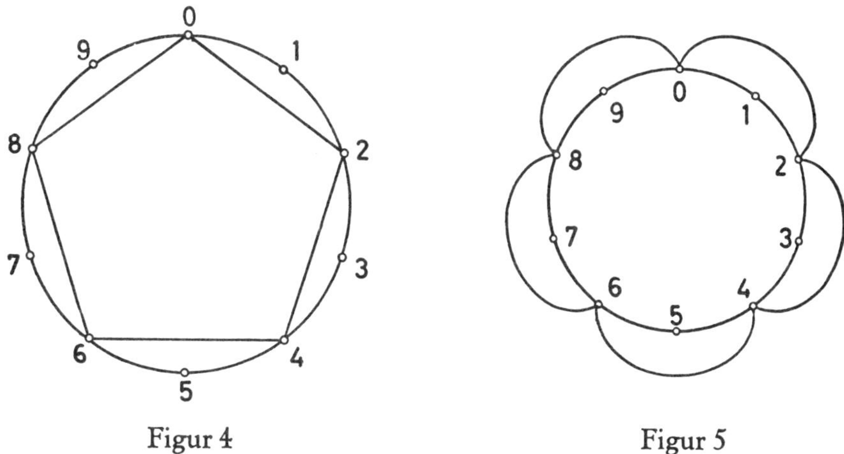

Figur 4 Figur 5

Für das Einmaleins von 3 ergeben sich auf dieselbe Weise die beiden folgenden Darstellungen (Figur 6 und Figur 7):

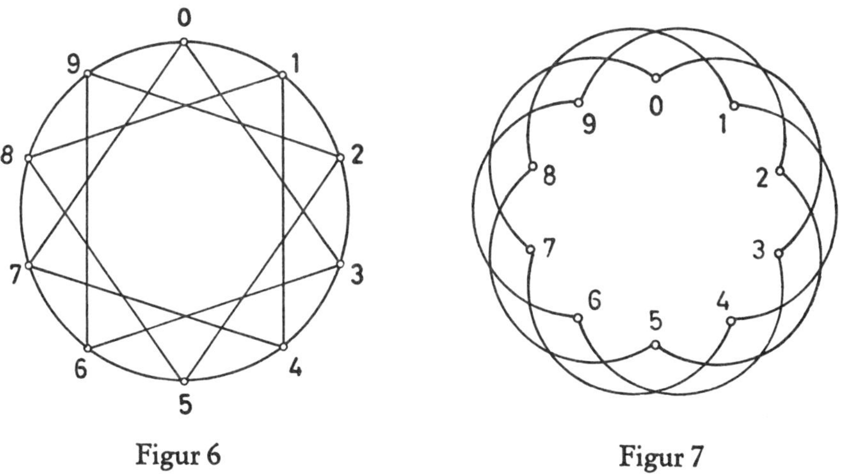

Figur 6 Figur 7

Stellt man nun die aufeinanderfolgenden Einmaleinsreihen Zeile für Zeile zusammen, so erhält man:

1	2	3	4	5	6	7	8	9	10
2	4	6	8	10	12	14	16	18	20
3	6	9	12	15	18	21	24	27	30
4	8	12	16	20	24	28	32	36	40
5	10	15	20	25	30	35	40	45	50
6	12	18	24	30	36	42	48	54	60
7	14	21	28	35	42	49	56	63	70
8	16	24	32	40	48	56	64	72	80
9	18	27	36	45	54	63	72	81	90
10	20	30	40	50	60	70	80	90	100

Dabei zeigt sich, daß die Einmaleinsreihen nicht nur in den Zeilen auftreten, in denen sie geschrieben wurden, sondern auch in den Kolonnen, so daß jedes Einmaleins zweimal in Erscheinung tritt. Im Gesamtüberblick der Einmaleinse lassen sich verschiedene Gesetzmäßigkeiten erkennen. Verfolgt man zunächst das Auftreten von geraden und ungeraden Zahlen, sowohl in den Zeilen, wie Kolonnen, so ergibt sich, daß die erste Zeile und erste Kolonne eine abwechselnde Folge ungerader und gerader Zahlen ist. In der zweiten Zeile und zweiten Kolonne hat man nur gerade Zahlen vor sich. Auch weiterhin hat man abwechselnd Zeilen und Kolonnen, in denen ungerade und gerade Zahlen wechseln, und solche, die nur aus geraden Zahlen bestehen. Zeilen oder Kolonnen mit nur ungeraden Zahlen gibt es nicht.

Die natürliche Zahlenfolge von 1 bis 9 kommt in der ersten Zeile und ersten Kolonne vor. Dann findet sie sich in der neunten Zeile und neunten Kolonne in verkehrter Reihenfolge in den Einerziffern wieder: In 81 ist die letzte Ziffer 1, in 72 ist sie 2, in 63 ist sie 3 usw.

Das Einmaleins von 8 enthält in den Einerziffern die Reihe der geraden Zahlen in umgekehrter Reihenfolge; das Einmaleins von 4 hat in den Einern auch gerade Zahlen: 0, 4, 8, 2, 6, aber nicht in natürlicher Reihenfolge, sondern gemischt. Das Einmaleins von 6 hat dieselbe Ziffernfolge, aber umgekehrt: 6, 2, 8, 4, 0 usw. Beziehungen zwischen den Einmaleinsreihen bestehen somit nach den Verbindungslinien in der folgenden Figur (Figur 8):

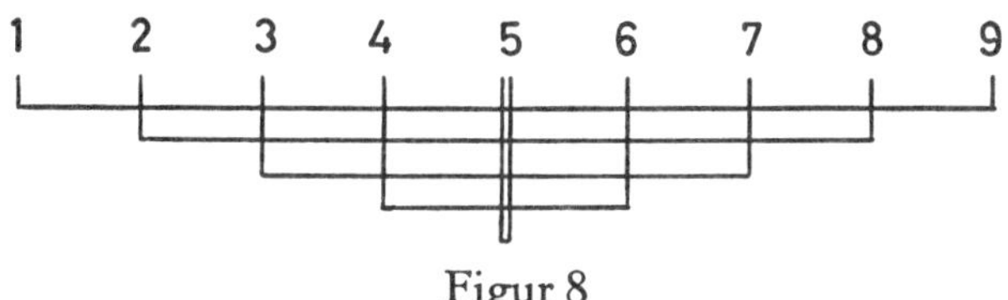

Figur 8

Bloß die 5 bleibt für sich allein. Die Einerziffern ihres Einmaleinses 5, 0, 5, 0, 5, 0, 5, 0, 5 ergeben von vorne und hinten gelesen dieselbe Folge, abwechselnd 0 und 5; dieses Einmaleins ist sich selbst zugeordnet. Die Zahlen einander zugeordneter Einmaleinsreihen ergänzen einander zu 10:

$$\begin{array}{ccccc} 1 & + & 9 & = & 10 \\ 2 & + & 8 & = & 10 \\ 3 & + & 7 & = & 10 \\ 4 & + & 6 & = & 10 \\ 5 & + & 5 & = & 10 \end{array}$$

Die Diagonale des Einmaleins-Quadrates von links oben nach rechts unten trägt die Quadratzahlen: $1 = 1 \times 1$; $4 = 2 \times 2$; $9 = 3 \times 3$ usw. Die Zahlen längs der anderen Diagonale, von rechts oben nach links unten, sind:

$$\begin{array}{ccrcr} 10 & = & 1 & \times & 10 \\ 18 & = & 2 & \times & 9 \\ 24 & = & 3 & \times & 8 \\ 28 & = & 4 & \times & 7 \\ 30 & = & 5 & \times & 6 \\ 30 & = & 6 & \times & 5 \\ 28 & = & 7 & \times & 4 \\ 24 & = & 8 & \times & 3 \\ 18 & = & 9 & \times & 2 \\ 10 & = & 10 & \times & 1 \end{array}$$

Es sind die Zahlen, die durch Multiplizieren von zwei Faktoren entstehen, von denen der eine schrittweise von 1—10 wächst, und der andere von 10—1 abnimmt.

Die erste Diagonale (links oben nach rechts unten) stellt innerhalb des Einmaleins-Quadrates eine Symmetrie-Achse dar. Nur längs der Symmetrie-Achse gibt es im Einmaleins-Quadrat einige Zahlen, die nur einmal vorkommen, z. B. 1, 25, 49 . . . Sonst kommen die Zahlen meistens doppelt vor, einige dreifach, wie z. B. 4, 9, 16 . . . und andere vierfach, wie 6, 8, 10, 12, 18, 20 usw. Verbindet man Zahlen in der rechten oberen Hälfte des Zahlen-Quadrates durch eine Kurve, so entspricht dieser in der linken unteren Hälfte eine symmetrische Kurve, längs welcher dieselbe Zahlenfolge liegt, wie an der anderen Kurve.

Einführen der Rechnungsarten

Addieren: Der Schritt vom Zählen zum Addieren wird damit vollzogen, daß man mit dem Zählen, anstatt nur bei 1 zu beginnen, bei verschiedenen Zahlen einsetzt, also vom Zählen zum Weiterzählen fortschreitet. Man spricht z. B. 4 und die Kinder zählen weiter: 5, 6, 7, 8, 9, 10 . . ., oder man spricht 7, und die Kinder zählen weiter: 8, 9, 10, 11, 12, 13 . . . Anfänglich läßt man die Kinder etwas länger weiterzählen und kommt allmählich zu rascherem Wechsel. Dann sagt man einmal zu den Kindern: „Jetzt wollen wir von jeder Zahl immer nur drei Zahlen weiterzählen." Man spricht also z. B.:

4 und die Kinder zählen 5, 6, 7;
7 und die Kinder zählen 8, 9, 10;
12 und die Kinder zählen 13, 14, 15.
. . . . . .

Hat man solche Übungen mit verschiedenen Ausgangszahlen und mit verschiedenen Anzahlen von Schritten des Weiterzählens durchgeführt, so läßt man das Weiterzählen mit Ausnahme der letzten Zahl leiser aussprechen:

Man nennt 4 und die Kinder zählen leise 5, 6 und laut 7;
man nennt 7 und die Kinder zählen leise 8, 9 und laut 10;
man nennt 12 und die Kinder zählen leise 13, 14 und laut 15.

. . . . . .

Zuletzt läßt man sie so leise zählen, daß man kaum etwas davon hört, und nur die Schlußzahlen laut hervortreten. Nach 12 z. B. bekommt man dann 15 zu hören.

Man zielt auf das Ausführen von Additionen hin, gibt ihnen aber die Unterbauung durch ein schrittweises auf der Zahlenreihe laufendes Fortschreiten.

Dasselbe wird dann entsprechend im Schriftlichen vorgenommen. An der Tafel und im Hefte verwendet man, was man einen „Rechenläufer" nennen kann. Man hat die Zahlenreihe vor sich und läßt den Finger längs ihr entlang laufen. Soll 4 + 3 gerechnet werden, so läßt man den Rechenläufer von 4 um drei Schritte zu 5, zu 6 und zu 7 weiterlaufen. Viele Beispiele wird man zunächst auf diese Weise ohne Schwierigkeiten ausführen lassen können.

Wenn man wieder einmal eine solche Aufgabe vornimmt, wird man das Fortschreiten des Rechenläufers mit einer Geste des Weiterschreitens begleiten (waagerechte Bewegung mit der Hand von links nach rechts), dann mit einer Geste des richtigen Stehenbleibens (vertikale Bewegung der Hand von oben nach unten), dann das Resultat doppelt unterstreichen und nun aufschreiben, was man getan hat: Mit 4 hat man begonnen, hat weitergezählt, ist richtig stehengeblieben, und nach diesen 3 Schritten ist man bei 7 als doppelt unterstrichener Zahl angelangt:

$$4 + 3 = 7$$

Das Pluszeichen ergibt sich aus den Gesten des Weiterrückens und des richtigen Stehenbleibens und das Gleichheitszeichen aus den nun links neben die Zahl 7 gesetzten Strichen des Unterstreichens. So lange die Denktätigkeit die Stütze durch Bewegung und Geste braucht, wird man sie ihr geben, bis sie ihre Selbständigkeit erreicht hat. Wie lange dies dauert, ist für einzelne Schüler verschieden.

Multiplizieren: Mit Rücksicht darauf, daß man es bei den natürlichen Zahlen mit einer orientierten Folge zu tun hat, empfiehlt es sich, mit dem Übergehen zum Rückwärtszählen und Subtrahieren zurückzuhalten und zuerst zum Multiplizieren zu kommen. Was dabei noch zum rhythmischen Zählen hinzuzufügen ist, ist eine zweite Zählung, die dem rhythmischen Zählen parallel läuft. So ergibt sich z. B. für die Sechserreihe:

6 1
12 2
18 3
24 4
. . . . . .

Eine andere Sprech- und Schreibweise ist dazu:

$1 \times 6 = 6$
$2 \times 6 = 12$
$3 \times 6 = 18$
$4 \times 6 = 24$
. . . . . .

Aus der Zusammenstellung der Einmaleinse (Seite 20) lassen sich aus den fortlaufenden Reihen einzelne Werte herausgreifen, z. B. $7 \times 6 = 42$, indem man an der oberen Seite des Einmaleins-Quadrates nach der Zahl 7 sieht und längs deren Kolonne nach abwärts geht, danach dann an der linken Quadratseite nach der Zahl 6 sieht und längs deren Zeile nach rechts geht. So kommt man dort, wo sich die Kolonne und Zeile treffen, auf 42. Das wiederholte Heranziehen des Einmaleins-Quadrates ist für viele Kinder eine wirksame Hilfe, auch noch beim schriftlichen Multiplizieren.

Subtrahieren: So wie sich das Addieren aus dem Zählen entwickelt, so das Subtrahieren aus dem Rückwärtszählen. Während das Zählen unbeschränkt fortgesetzt werden kann, kommt das Rückwärtszählen stets zu einem Ende; es ist stets auf eine begrenzte Anzahl von Schritten beschränkt. Man wird zunächst verschiedene Übungen des Rückwärtszählens vornehmen, ähnlich wie es früher beim Zählen geschehen ist. Das dem Übergang zum Addieren Entsprechende, das Verschieben des Anfangspunktes, ist beim Rückwärtszählen nicht nötig; es ist hier stets vorhanden, denn man muß ja immer bei einer bestimmten Zahl anfangen. An Bewegungen führt das Rückwärtszählen zum Rückwärtsgehen, wobei das Rückwärtsschreiten dem Prinzip der Gegenrichtung noch unmittelbarer entspricht als ein Umdrehen. Schriftlich wird man dazu einen „Rechenläufer" rückwärts laufen lassen, und dann die Gliedmaßentätigkeit allmählich durch bloße Denktätigkeit ablösen. Um zum Aufschreiben der Subtraktion überzugehen, kann man die Geste des Rückwärtsschreitens wieder mit der Hand ausführen (horizontale Bewegung von rechts nach links) und dazu auch wieder die Geste des richtigen Stehenbleibens (vertikale Bewegung von oben nach unten). Dann führen die Gesten, für 7 weniger 3 zunächst auf „7+3", wobei der waagrechte Strich nun von rechts nach links gezogen wird. Die Kinder werden selbst darauf kommen, daß man nur dann erkennen kann, daß hier eine Subtraktion gemeint ist, wenn man beim Schreiben zusieht, aber nicht mehr nachher, wenn man das schon Aufgeschriebene ansieht. Um der Zweideutigkeit abzuhelfen, kann man etwa sagen: „Nun, wenn wir einmal bis zum Subtrahieren gekommen sind, dann wissen wir auch schon, daß man richtig stehen bleiben muß", braucht es also nicht mehr besonders aufzuschreiben, und wir können nun ganz einfach setzen:

$$7 - 3 = 4$$

Es schadet nichts, wenn die Kinder dann noch einige Zeit das Minuszeichen von rechts nach links schreiben, der Gegenbewegung entsprechend. Das schleift sich später von selbst ab.

Dividieren: So wie das Subtrahieren den Weg zurück gegenüber dem Addieren darstellt, so das Dividieren gegenüber dem Multiplizieren. Durch Fortschreiten in der Sechserreihe war man zu

$$\begin{aligned} 6 &= 1 \times 6 \\ 12 &= 2 \times 6 \\ 18 &= 3 \times 6 \\ 24 &= 4 \times 6 \\ &\ldots\ldots \end{aligned}$$

gelangt. Nun kann man umgekehrt von 4×6 wieder zu 1×6 zurückkommen. Man entdeckt, daß 24 auf der Sechserreihe ist, und daß es dort $24 = 4 \times 6$ ist. Wievielmal 6 ist 24? Antwort: $4 \times 6 = 24$. Da die Division jene der vier Rechenoperationen ist, die sich am meisten an gegenständliches Rechnen anlehnt, so wird man sie mit Vorteil daran nehmen, wenn man im gegenständlichen Rechnen bereits entsprechend fortgeschritten ist (siehe: „Das Rechnen an Gegenständen" Seiten 39—42).

Üben des Rechnens mit reinen Zahlen

Um das nötige Üben der vier Rechenoperationen durchzuführen und dabei das Interesse zu erhalten, empfiehlt es sich, Rechenaufgaben vorzunehmen, in denen fortlaufende Zahlen-Zusammenhänge zum Ausdruck kommen. Man gelangt damit mehr zu Serien von Beispielen, weniger zu vereinzelten Rechenaufgaben. Eine solche Beispielserie entsteht z. B. aus dem fortlaufenden Addieren der natürlichen Zahlen zu einander und dem Bilden der Differenzen aus den Resultaten. Die Summen der natürlichen Zahlen sind 1, 3, 6, 10 . . ., in denen abwechselnd zwei ungerade und zwei gerade Zahlen vorkommen. Ihre Differenzen führen auf die natürliche Zahlenfolge zurück:

1	= 1	1— 0 = 1
1+2	= 3	3— 1 = 2
1+2+3	= 6	6— 3 = 3
1+2+3+4	= 10	10— 6 = 4
1+2+3+4+5	= 15	15—10 = 5
1+2+3+4+5+6	= 21	21—15 = 6
1+2+3+4+5+6+7	= 28	28—21 = 7
1+2+3+4+5+6+7+8	= 36	36—28 = 8
1+2+3+4+5+6+7+8+9	= 45	45—36 = 9
1+2+3+4+5+6+7+8+9+10	= 55	55—45 = 10

Eine nächste Beispielserie ergibt sich, wenn man anstelle der vollständigen natürlichen Zahlenfolge nur die ungeraden Zahlen addiert. Ihre Summen ergeben die Quadratzahlen und deren Differenzen führen zu den ungeraden Zahlen zurück. *)

1	= 1	= 1× 1	1— 0 = 1
1+3	= 4	= 2× 2	4— 1 = 3
1+3+5	= 9	= 3× 3	9— 4 = 5
1+3+5+7	= 16	= 4× 4	16— 9 = 7
1+3+5+7+9	= 25	= 5× 5	25—16 = 9
1+3+5+7+9+11	= 36	= 6× 6	36—25 = 11
1+3+5+7+9+11+13	= 49	= 7× 7	49—36 = 13
1+3+5+7+9+11+13+15	= 64	= 8× 8	64—49 = 15
1+3+5+7+9+11+13+15+17	= 81	= 9× 9	81—64 = 17
1+3+5+7+9+11+13+15+17+19	= 100	= 10×10	100—81 = 19

*) Dieser Zahlenzusammenhang liegt den Galileischen Fallgesetzen zu Grunde: Die von frei fallenden Körpern nach aufeinander folgenden Zeiteinheiten zurückgelegten Wege verhalten sich wie die Quadratzahlen, und die während aufeinander folgender Zeiteinheiten zurückgelegten Wege wie die ungeraden Zahlen.

Beim Addieren der ersten sieben ungeraden Zahlen ergibt sich die Summe $7 \times 7 = 49$, bei acht ungeraden Zahlen $8 \times 8 = 64$ usw. Die Quadratzahlen sind abwechselnd ungerade und gerade.

Das Addieren der geraden Zahlen ergibt die doppelten Summen wie bei der natürlichen Zahlenreihe; als Differenzen erhält man wieder die geraden Zahlen zurück:

2	= 2	= 2× 1	2− 0	= 2
2+4	= 6	= 2× 3	6− 2	= 4
2+4+6	= 12	= 2× 6	12− 6	= 6
2+4+6+8	= 20	= 2×10	20−12	= 8
2+4+6+8+10	= 30	= 2×15	30−20	= 10

Addiert man Folgen natürlicher Zahlen aufsteigend und absteigend, so erhält man abermals Quadratzahlen:

1	= 1	= 1× 1	1− 0	= 1
1+2+1	= 4	= 2× 2	4− 1	= 3
1+2+3+2+1	= 9	= 3× 3	9− 4	= 5
1+2+3+4+3+2+1	= 16	= 4× 4	16− 9	= 7
1+2+3+4+5+4+3+2+1	= 25	= 5× 5	25−16	= 9
1+2+3+4+5+6+5+4+3+2+1	= 36	= 6× 6	36−25	= 11
1+2+3+4+5+6+7+6+5+4+3+2+1	= 49	= 7× 7	49−36	= 13
1+2+3+4+5+6+7+8+7+6+5+4+3+2+1	= 64	= 8× 8	64−49	= 15
1+2+3+4+5+6+7+8+9+8+7+6+5+4+3+2+1	= 81	= 9× 9	81−64	= 17
1+2+3+4+5+6+7+8+9+10+9+8+7+6+5+4+3+2+1	= 100	= 10×10	100−81	= 19

Die höchste Zahl, bis zu der man in einer Zeile aufgestiegen ist, ergibt mit sich selbst multipliziert jene Quadratzahl, welche die Summe der betreffenden Zeile ist.

Zählt man nur mit den ungeraden Zahlen auf- und abwärts, so erhält man als Summen nur ungerade Zahlen. Ihre Differenzen sind die Zahlen des Einmaleins von 4.

1	= 1		
1+3+1	= 5	5− 1	= 4
1+3+5+3+1	= 13	13− 5	= 8
1+3+5+7+5+3+1	= 25	25−13	= 12
1+3+5+7+9+7+5+3+1	= 41	41−25	= 16
1+3+5+7+9+11+9+7+5+3+1	= 61	61−41	= 20

Dasselbe mit den geraden Zahlen durchgeführt, führt zu geraden Summen, deren Differenzen jene Vielfachen von 2 sind, die zwischen den Zahlen des Einmaleins von 4 liegen: 2, 6, 10, 14 usw.

2 = 2	2— 0 = 2	
2+ 4+2 = 8	8— 2 = 6	6— 2 = 4
2+4+ 6+4+2 = 18	18— 8 = 10	10— 6 = 4
2+4+6+ 8+6+4+2 = 32	32—18 = 14	14—10 = 4
2+4+6+8+10+8+6+4+2 = 50	50—32 = 18	18—14 = 4

Die Differenzen der Differenzen, die sogenannten zweiten Differenzen, sind dabei stets 4.

Was für die Zahlen des Einmaleinses von 2, die geraden Zahlen, vorgenommen wurde, läßt sich nun auch auf beliebige andere Einmaleinsreihen anwenden. Für das Einmaleins von 3 ergibt sich z. B.:

3 = 3		
3+ 6+3 = 12	12— 3 = 9	
3+ 6+ 9+ 6+3 = 27	27—12 = 15	15— 9 = 6
3+6+ 9+12+ 9+6+3 = 48	48—27 = 21	21—15 = 6
3+6+9+12+15+12+9+6+3 = 75	75—48 = 27	27—21 = 6

Die Summen sind abwechselnd gerade und ungerade und die zweiten Differenzen durchwegs 6.

Solche Aufgabenreihen bilden unmittelbar einen Anlaß, auch das Untereinanderschreiben zu üben, das ja eine Grundlage zum späteren schriftlichen Rechnen bedeutet. In den Zahlenzusammenstellungen der Seiten 26 und 27 kommen Anordnungen nach gleichschenkligen rechtwinkligen Dreiecken mit horizontalen und vertikalen Katheten vor, in jenen der Seiten 27 und 28 gleichschenklige Dreiecke mit waagrechter Basis.

Weitere Übungen lassen sich an historische Gegebenheiten anknüpfen. Als Albrecht Dürer den Kupferstich anfertigte, in welchem der Durchbruch der neuen Zeit zum Ausdruck kommt, und der gewöhnlich als „Melancholie" *) benannt wird, hatte er durch eine Leiter das Bauen, durch den Hobel die Holzarbeit, durch den Schädel die Biologie, durch die Sanduhr die Zeitmessungen usw. vertreten sein lassen, durch halbregelmäßige Körper die Geometrie und die reine

*) Besieht man die Aufschrift „MELENCHOLIA" genau, so folgt ihr ein I nach, das vollständig dem I im Worte MELENCHOLIA gleicht. Da die Sprache der Aufschrift lateinisch und in ihr I ein Wort, der Imperativ von ire, gehen, ist, so lautet die Übersetzung der Überschrift nicht Melancholie, sondern „Melancholie gehe", oder „Melancholie flieh". Letzteres entspricht auch dem Inhalt des Bildes.

Mathematik durch das Zahlenquadrat an der Wand. Albrecht Dürer ist nicht nur ein bedeutender Künstler gewesen, sondern als Erfinder der Perspektive auch schöpferisch auf dem Gebiet der mathematischen Wissenschaften. Das Dürer'sche Zahlenquadrat enthält $4 \times 4 = 16$ Teilquadrate, worin die Zahlen von 1—16 eingeschrieben sind. Diese stehen jedoch nicht in natürlicher Reihenfolge, sondern sind gemischt. Addiert man die Zahlen der linken Kolonne in Figur 9, so erhält man: $1 + 12 + 8 + 13 = 34$. Die Summe der Zahlen der zweiten Kolonne ist: $15 + 6 + 10 + 3 = 34$, die der dritten: $14 + 7 + 11 + 2 = 34$ und die der rechten Kolonne: $4 + 9 + 5 + 16 = 34$.

1	15	14	4
12	6	7	9
8	10	11	5
13	3	2	16

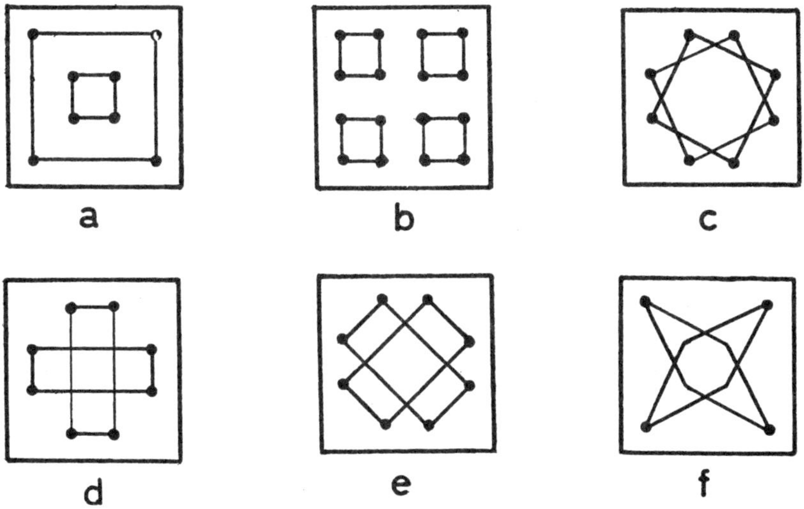

a b c

d e f

Figur 9

Die Zahlen sind so verteilt, daß jeder Kolonne dieselbe Summe zukommt; $\frac{1}{4}$ der Gesamtsumme der Zahlen von 1 bis 16.

Bildet man nun auch die Summe der Zeilen des Zahlenquadrates, so ergibt sich:

$$1 + 15 + 14 + 4 = 34$$
$$12 + 6 + 7 + 9 = 34$$
$$8 + 10 + 11 + 5 = 34$$
$$13 + 3 + 2 + 16 = 34$$

Die Verteilung der Zahlen im Quadrate ist also so, daß die Zeilen auch die gleichen Summen ergeben. Die Summen der Zahlen längs der beiden Diagonalen sind:

$$1 + 6 + 11 + 16 = 34$$
$$4 + 7 + 10 + 13 = 34$$

Die Zahlen an den vier Ecken des Quadrates ergeben die Summe:

$$1 + 4 + 16 + 13 = 34$$

und jene, die sich um den Mittelpunkt gruppieren:

$6 + 7 + 11 + 10 = 34$ (siehe Zeichnung a in Figur 9).

Für die vier Quadrate, in die das Zahlenquadrat durch die Mittellinien geteilt wird, erhält man:

$$1 + 15 + 6 + 12 = 34$$
$$14 + 4 + 9 + 7 = 34$$
$$11 + 5 + 16 + 2 = 34$$

$8 + 10 + 3 + 13 = 34$ (siehe Zeichnung b in Figur 9).

Weitere Quadrate mit der Summe 34 sind aus den folgenden Zahlen des Zahlenquadrates gebildet:

$$1 + 14 + 11 + 8 = 34$$
$$15 + 4 + 5 + 10 = 34$$
$$6 + 9 + 16 + 3 = 34$$
$$12 + 7 + 2 + 13 = 34$$

Auch zwei schrägliegende Quadrate ergeben sich, wenn man die Zahlen längs des Randes des Zahlenquadrates durchläuft und aus ihnen jeweils die ersten nach den Eckzahlen herausgreift:

$$15 + 9 + 2 + 8 = 34$$

Beim Durchlaufen der Randzahlen im entgegengesetzten Sinne erhält man auf dieselbe Weise:

$12 + 3 + 5 + 14 = 34$ (siehe Zeichnung c in Figur 9).

Dennoch haben nicht etwa alle Quadratanordnungen, die man im Zahlenquadrate bilden könnte, die Summe 34, z. B.:

$$15 + 14 + 7 + 6 = 42$$
$$10 + 11 + 2 + 3 = 26$$
$$12 + 6 + 10 + 8 = 36$$
$$7 + 9 + 5 + 11 = 32$$

Man hat im Ganzen 12 Quadrate mit der Summe 34 erhalten.

Geht man nun innerhalb des Zahlenquadrates von Teilquadraten auch zu Teilrechtecken über, so ergibt sich:

$15 + 14 + 2 + 3 = 34$
$12 + 9 + 5 + 8 = 34$ (siehe Zeichnung d in
$1 + 15 + 10 + 8 = 34$ Figur 9).
$12 + 6 + 3 + 13 = 34$
$14 + 4 + 5 + 11 = 34$
$7 + 9 + 16 + 2 = 34$
$1 + 14 + 7 + 12 = 34$
$15 + 4 + 9 + 6 = 34$
$8 + 11 + 2 + 13 = 34$
$10 + 5 + 16 + 3 = 34$

Dazu kommen dann noch die schrägliegenden Rechtecke:

$15 + 5 + 2 + 12 = 34$
$14 + 9 + 3 + 8 = 34$ (siehe Zeichnung e in Figur 9),

so daß sich im ganzen 12 Rechtecke mit der Summe 34 finden lassen. Daneben gibt es aber auch wieder Rechtecke mit anderen Summen, wie z. B.:

$$15 + 14 + 11 + 10 = 50$$
$$6 + 7 + 2 + 3 = 18$$
$$12 + 7 + 11 + 8 = 38$$
$$6 + 9 + 5 + 10 = 30$$

Auch Anordnungen nach Rhomben, welche die Summe 34 ergeben, lassen sich im Zahlenquadrat finden:

$$1 + 7 + 16 + 10 = 34$$
$$4 + 6 + 13 + 11 = 34$$ (siehe Zeichnung f in Figur 9),

und Anordnungen nach Parallelogrammen:

$$1 + 15 + 16 + 2 = 34$$
$$14 + 4 + 3 + 13 = 34$$
$$1 + 5 + 16 + 12 = 34$$
$$8 + 4 + 9 + 13 = 34$$

$$1 + 14 + 16 + 3 = 34$$
$$15 + 4 + 2 + 13 = 34$$
$$1 + 9 + 16 + 8 = 34$$
$$12 + 4 + 5 + 13 = 34$$

$$15 + 11 + 2 + 6 = 34$$
$$14 + 7 + 3 + 10 = 34$$
$$12 + 6 + 5 + 11 = 34$$
$$8 + 10 + 9 + 7 = 34$$

$$15 + 7 + 2 + 10 = 34$$
$$14 + 11 + 3 + 6 = 34$$
$$12 + 7 + 5 + 10 = 34$$
$$6 + 9 + 11 + 8 = 34$$

Die letzte Gruppe läßt sich bei anderer Reihenfolge auch als Zickzack-Linien durch das Zahlenquadrat ziehen:

$$15 + 7 + 10 + 2 = 34$$
$$14 + 6 + 11 + 3 = 34$$
$$12 + 10 + 7 + 5 = 34$$
$$8 + 6 + 11 + 9 = 34$$

Als Trapeze mit den Summen 34 lassen sich finden:

$$1 + 15 + 7 + 11 = 34$$
$$1 + 12 + 10 + 11 = 34$$
$$6 + 10 + 2 + 16 = 34$$
$$7 + 11 + 3 + 13 = 34$$
$$4 + 14 + 6 + 10 = 34$$
$$4 + 9 + 11 + 10 = 34$$
$$16 + 5 + 7 + 6 = 34$$
$$13 + 8 + 6 + 7 = 34$$

Unregelmäßige Vierecke mit den Summen 34 sind:

$$15 + 1 + 13 + 5 = 34$$
$$4 + 16 + 2 + 12 = 34$$

$$1 + 13 + 11 + 9 = 34$$
$$4 + 16 + 8 + 6 = 34$$

$$1 + 14 + 13 + 6 = 34$$
$$12 + 2 + 14 + 6 = 34$$
$$2 + 14 + 8 + 10 = 34$$
$$9 + 2 + 12 + 11 = 34$$
$$5 + 15 + 8 + 6 = 34$$
$$5 + 14 + 8 + 7 = 34$$
$$5 + 15 + 3 + 11 = 34$$
$$3 + 15 + 9 + 7 = 34$$
$$12 + 9 + 3 + 10 = 34$$
$$4 + 12 + 11 + 7 = 34$$
$$6 + 5 + 13 + 10 = 34$$

$$1 + 14 + 9 + 10 = 34$$
$$13 + 2 + 5 + 14 = 34$$
$$3 + 16 + 7 + 8 = 34$$
$$4 + 15 + 12 + 3 = 34$$
$$4 + 15 + 8 + 7 = 34$$

$$2 + 13 + 10 + 9 = 34$$
$$4 + 12 + 8 + 10 = 34$$
$$5 + 13 + 7 + 9 = 34$$
$$3 + 8 + 12 + 11 = 34$$
$$5 + 9 + 14 + 6 = 34$$
$$4 + 16 + 3 + 11 = 34$$

Zählt man die Anzahl der verschiedenen Vierecke zusammen, so ergeben sich:

10 gerade Linien
12 Quadrate
12 Rechtecke
2 Rhomben
16 Parallelogramme
8 Trapeze
26 unregelmäßige Vierecke

---

86 im ganzen.

Denkt man sich von einer beliebigen Zahl des Zahlenquadrates eine Verbindungslinie nach dem Quadratmittelpunkt gezogen, dieselbe geradlinig verlängert und die Verlängerung von gleicher Länge wie die Verbindungslinie genommen, so erreicht man wieder eine Zahl im Zahlenquadrat, und die Summe der beiden zentrisch-symmetrischen Zahlen ist stets 17, die Hälfte von 34. Zwei beliebige Paare zentrischsymmetrischer Zahlen ergeben somit die Summe 34.

Um das entsprechende Mischen der Zahlen von 1 bis 16 im Dürer'schen Zahlenquadrat vorzunehmen, sind nun in Figur 10 in ein Quadrat zunächst die Zahlen von 1 bis 16 in ihrer natürlichen Folge in vier Zeilen angeschrieben. Würde man die Zahlen in dieser Anordnung belassen, so könnte man sicher nicht für jede Zeile dieselbe Summe erwarten; die kleinsten Zahlen stünden in der obersten Zeile beisammen, und die größten in der untersten. Auch mit den Kolonnen würde es dann nicht mehr stimmen; die Summe jeder folgenden Kolonne müßte von links nach rechts fortschreitend immer um 4 größer werden. Man muß, wie man es beim Mischen von Kartenspielen macht, einige Zahlen festhalten und andere vertauschen. Die Zahlen, die längs der Diagonalen liegen, jene, deren Felder in der Figur 10 schraffiert sind, nimmt man festbleibend. Die übrigen Zahlen werden zentrisch-symmetrisch vertauscht, also 2 mit 15, 3 mit 14, 5 mit 12 und 8 mit 9. Figur 11 zeigt diese Zahlenpaare und Figur 12, mit den festbleibenden zusammen, nach dem Vertauschen.

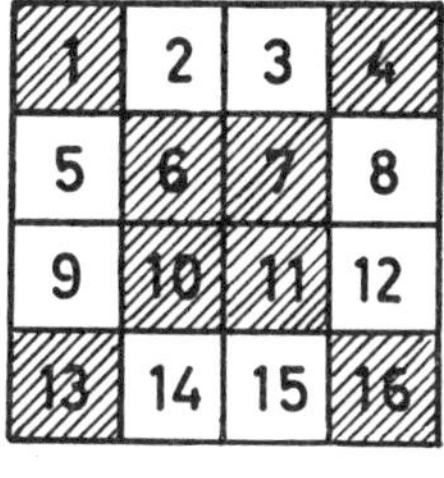

Figur 10

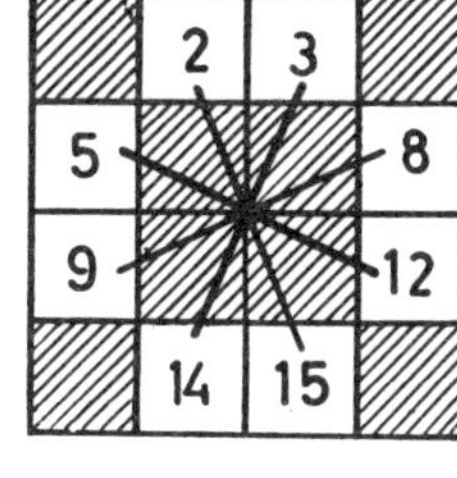

Figur 11

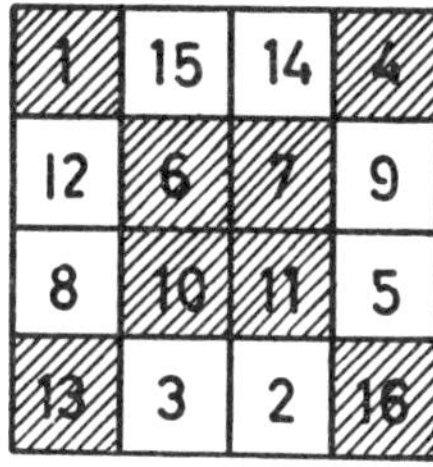

Figur 12

Es gibt auch ein Zahlenquadrat mit weniger, und Zahlenquadrate mit mehr als 16 Zahlen. Ein Zahlenquadrat mit gleichen Summen aller Zeilen und Kolonnen bei nur 4 Zahlen ist nicht möglich, wohl aber mit 9 Zahlen (Figur 13).

2	7	6
9	5	1
4	3	8

Figur 13

Die Summe jeder Zeile und Kolonne ist hier 15. Dieselbe Summe erhält man auch längs beider Diagonalen, obwohl sich sonst nicht mehr jene Fülle regelmäßiger und unregelmäßiger Figuren, wie beim Dürer'schen Quadrat ergibt. Das Mischen der Zahlen im Zahlenquadrat mit 9 Zahlen erhält man, indem man wieder von der natürlichen Zahlenfolge ausgeht. Schreibt man die Zahlen in Diagonalanordnung, wie in Figur 14, beläßt die Zahlen längs der Diagonalen, in den schraffierten Feldern, an ihren Plätzen und vertauscht die andern (Figur 15) zentrisch-symmetrisch, so ergibt sich Figur 16.

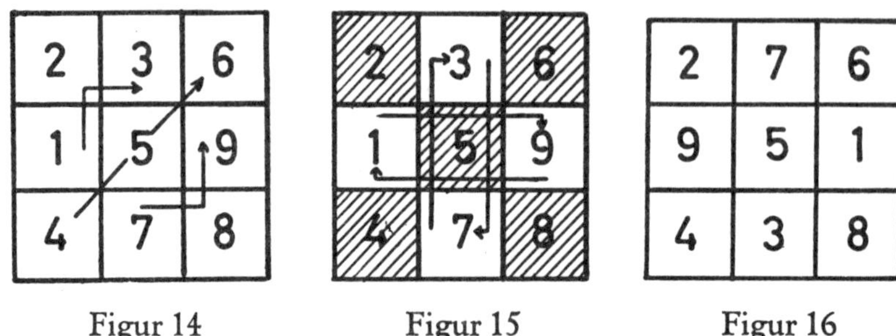

Figur 14 Figur 15 Figur 16

Aufstellen des Zahlenquadrates von 9 Zahlen.

Ein anderer Weg, dasselbe Zahlenquadrat zu erhalten, führt dahin, daß man die natürliche Zahlenfolge zunächst in einem auf der Spitze stehenden, dem ursprünglichen umschriebenen Quadrat einträgt, und von dessen Zahlen jene, die innerhalb des ursprünglichen Quadrates liegen, an ihren Plätzen beläßt, die außerhalb liegenden aber in waagrechten und senkrechten Richtungen im Sinne der Pfeile umstellt (Figuren 17 bis 19).

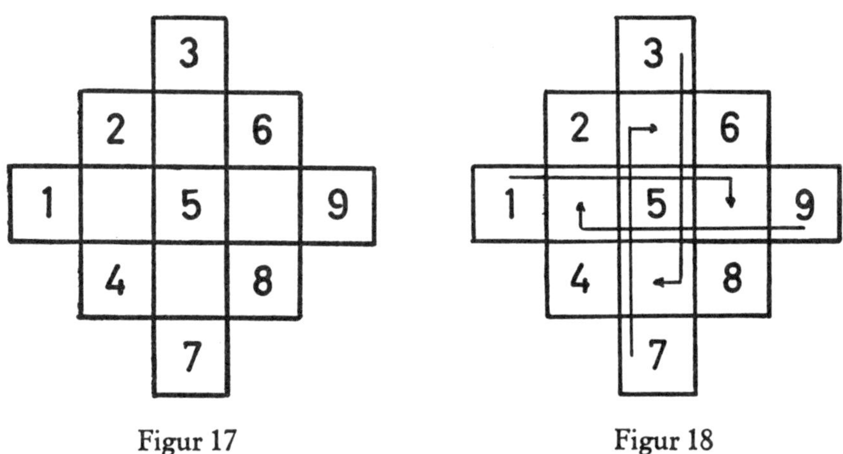

Figur 17 Figur 18

2	7	6
9	5	1
4	3	8

Figur 19
Zweiter Weg des Aufstellens des Zahlenquadrates von 9 Zahlen.

Vom Zahlenquadrat von 25 Zahlen erhält man in allen Zeilen und Kolonnen, sowie auch in den Diagonalen, die Summe 65, den fünften Teil der Gesamtsumme der Zahlen von 1 bis 25. Die Aufstellung ist analog wie beim Zahlenquadrat von 9 Zahlen (Figuren 20 und 21). Der Weg ist auch für beliebige Zahlenquadrate der ungeraden Quadratzahlen: 9, 25, 49 usw. gangbar.

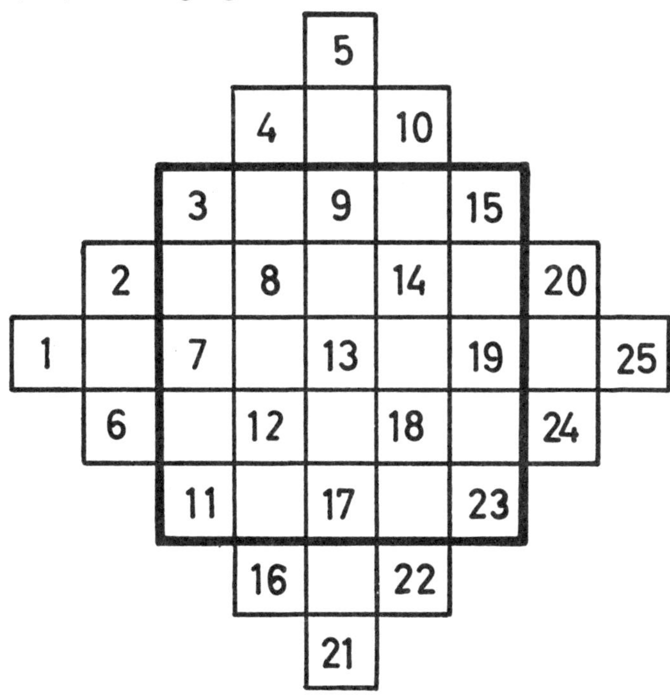

Figur 20

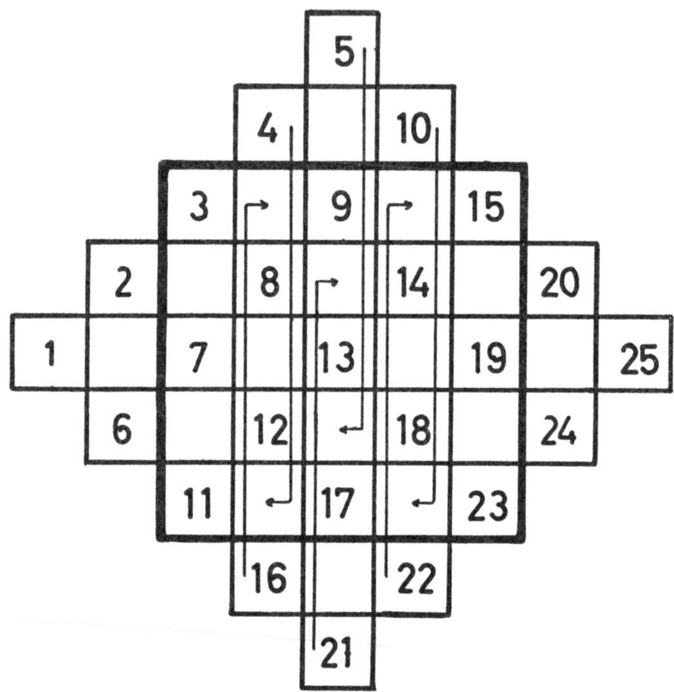

Figur 21
Aufstellen des Zahlenquadrates von 25 Zahlen.

Zahlenquadrate lassen sich, statt mit den natürlichen Zahlen, auch mit Einmaleinsreihen aufstellen. Für das Zahlenquadrat mit 16 Zahlen und das Einmaleins von 3 erhält man z. B.:

3	6	9	12
15	18	21	24
27	30	33	36
39	42	45	48

Figur 22

3	45	42	12
36	18	21	27
24	30	33	15
39	9	6	48

Figur 23

Die Summe, die sich darin analog wie beim Quadrat der Zahlen von 1—16 ergibt, ist 102. Damit hat man eine große Anzahl von Übungen zur Verfügung, die sich in mannigfaltiger Weise im Unterricht verwerten lassen.

Das Rechnen an Gegenständen

Der Übergang vom Rechnen mit reinen Zahlen zum Rechnen an Gegenständen kann damit vorgenommen werden, daß man eines Tages zu seiner Klasse sagt: Beginnen wir heute damit, miteinander bis 10 zu zählen. Während des Zählens legt man nun mit deutlich rhythmischer Gebärde bei jeder Zahl einen Bleistift auf den Tisch. Nachdem die letzte Zahl ausgesprochen ist, liegen 10 Bleistifte da. Dasselbe wiederholt man mit verschiedenen Zahlen, verschiedenen Gegenständen und verschiedenen Gesten. Die Kinder wollen auch mitmachen. Da nicht jeder gleich 10 Bleistifte hat, wird man Bleistifte, Gummi, Hefte usw. mit heranziehen, also statt 10 Bleistiften nun 10 verschiedene Gegenstände auflegen. Die dabei ausgeführten rhythmischen Bewegungen stellen einen Übergang vom Eigenbewegen beim Zählen zu dem Zählen vorliegender Gegenstände dar. Bei bloßen Eigenbewegungen bleibt nichts zurück; beim Zählen von Gegenständen, die bereits daliegen, wird nichts bewegt. Wenn aber Gegenstände beim Zählen mitbewegt werden, bleiben diese dann als sichtbarer Ausdruck der Eigenbewegung zurück.

Der nächste Schritt führt dann zum Zählen von Gegenständen, die nicht erst mit dem Zählen herbeigetragen werden, sondern die man nur anschaut, z. B. die Fensterscheiben, die Bänke usw. Als mit dem Zählen begonnen wurde, hatten die Kinder zunächst nur auf sich selbst zu achten, jetzt auf sich selbst und auf die Gegenstände. Der Weg ging vom Kinde selbst aus, reichte dann von ihm nach außen und wendet sich zuletzt direkt an die Umgebung.

Auch Übungen des rhythmischen Zählens lassen sich in Verbindung mit Gegenständen vornehmen. Man zählt 1, 2, **3** ... und legt jedesmal einen Bleistift hin, alle in eine Reihe. Dann zählt man weiter 4, 5, **6** und legt eine neue Reihe daneben, usw., wobei man das Ende einer Teilreihe auch jedesmal mit einer verstärkten Geste begleiten kann. Während beim gewöhnlichen Zählen der Gegenstände das Ergebnis eine ungegliederte Reihe ist, geht aus dem rhythmischen Zählen eine gegliederte Reihe hervor. Die Kinder wollen die betreffenden Gesten auch wieder mitmachen und sich in den Vorgang einleben. Dann wird man darauf hinweisen, daß man rhythmisches Zählen nun auch an den schon fertig daliegenden Dingen vornehmen kann, z. B. an den Scheiben eines Fensters, von denen jedesmal 4 übereinander liegen, oder an den Bänken, bei denen immer 3 in einer Reihe stehen. Wieder hat man einen Prozeß von innen nach außen durchgeführt.

Auch die Vorgänge des Addierens und Multiplizierens lassen sich erneut in Verbindung mit Gegenständen vornehmen. Man durchläuft dabei frühere Übungen noch einmal, läßt sie sich gleichsam in erweiterter Form wiederholen.

Eines Tages wird man z. B., je nach Jahreszeit und örtlichen Verhältnissen, 10 Kastanien mitbringen lassen. Diese werden zuerst wieder ausgezählt. Dann sagt man den Kindern, sie sollen zwei Häufchen aus den Kastanien machen und diese abzählen. Wieviele Möglichkeiten lassen sich doch dabei finden! Dann kann man diese zunächst in der Reihenfolge, wie sie gefunden werden, aufschreiben lassen:

$$10 = 3 + 7$$
$$10 = 2 + 8$$
$$10 = 5 + 5$$
. . . . . .

Zuletzt wird man die Ergebnisse noch ordnen, wobei sich auch zeigt, ob noch eine Möglichkeit gefehlt hat. Man erhält:

$$10 = 1 + 9$$
$$10 = 2 + 8$$
$$10 = 3 + 7$$
$$10 = 4 + 6$$
$$10 = 5 + 5$$
$$10 = 6 + 4$$
$$10 = 7 + 3$$
$$10 = 8 + 2$$
$$10 = 9 + 1$$

wobei sich eine aufsteigende und eine absteigende Zahlenreihe ergibt.

Solche Vorgänge lassen sich ins Leben hinein weiter verfolgen. Ein Kind hat 10 Briefmarken bekommen, 4 von seiner Mutter und 6 von seinem Vater. Da hat man auch wieder ein: 10 = 4 + 6.

Im Klassenzimmer sind 10 Blumentöpfe. Zwei Kinder haben es übernommen, die Blumentöpfe zu gießen. An einem Tage gießt eines 4 und das andere 6. Da hat man wieder ein: 10 = 4 + 6.
Die Kinder werden selbst weitere Fälle auffinden, wo solche Rechnungen zustandekommen.

In den Übungen läßt sich dann von zwei Beiträgen auf drei und mehr übergehen:

10 = 2 + 3 + 5
10 = 2 + 4 + 3 + 1

Beim Rückwärtszählen und Subtrahieren hatte der Lehrer zuerst 10 gesagt, und die Klasse darauf schrittweise 9, 8, 7 ... Da können nun auch wieder Gegenstände gleichsam mitgenommen werden. Zuerst liegen 10 Bleistifte auf dem Tisch, und nun nimmt der Lehrer bei jeder Zahl mit deutlicher Geste einen Bleistift weg, so daß, sobald die Klasse 9 gezählt hat, nur noch 9 Bleistifte daliegen, wenn sie 8 gezählt hat, nur noch 8 Bleistifte usw. Wenn sie 2 gezählt hat, liegen nur noch 2 Bleistifte da, und wenn sie 1 gezählt hat, nur noch 1 Bleistift. Wenn man diesen auch noch wegnimmt, ist kein Bleistift mehr übrig. Im Rechnen sagt man dazu auch null Bleistifte, und so kann man auch noch den Schritt zu Null weiterzählen.

Bei den verschiedenen Rechenaufgaben kommt es darauf an, sie der Wirklichkeit entsprechend zu stellen: Ein Junge hatte Kastanien gesammelt. Bevor er den Heimweg antrat, zählte er sie; es waren 10. Nun steckte er sie in die Tasche, ging nach Hause, und als er sie dann herausnahm, waren es nur noch 7. Er entdeckte dann auch ein Loch in seiner Tasche. Wieviel Kastanien hat er unterwegs verloren? Antwort: 7 = 10 — **3**. Wäre jedoch die Aufgabe so gestellt worden: Ein Junge hat 10 Kastanien gesammelt, auf dem Heimweg hat er 3 verloren, wieviel blieben ihm, als er nach Hause kam, so ergibt sich doch der Einwand: Hat er denn die Kastanien beim Verlieren gezählt?

Bei Aufgaben des Teilens wird man statt von 10, von 12 Kastanien ausgehen. Man läßt nun gleich große Häufchen machen. Bei 2 gleichen Häufchen hat man in jedem 6 Kastanien. Macht man 3 gleiche Häufchen, so sind es in jedem 4. Bei 4 gleichen Häufchen sind es je 3, und bei 6 gleichen Häufchen je 2 Kastanien. Nur bei gleichen Häufchen spricht man von Teilen oder Dividieren, und nur bei solchen Anzahlen von Häufchen lassen sich gleiche Häufchen machen, deren Einmaleinsreihen zu 12 führen, also bei 2, 3, 4 und 6 Häufchen. Es stecken also auch da die Einmaleinsreihen darinnen.

Bei zusammengesetzten Aufgaben lassen sich wieder mannigfaltige Beziehungen zum Leben herstellen: Ein Schulkind der 1. Klasse ist 7 Jahre alt. Es hat einen kleinen Bruder, der erst 1 Jahr alt ist. Das Schulkind ist also sieben mal so alt als sein Bruder. Im nächsten Jahre wird das Schulkind in die 2. Klasse gehen und 8 Jahre alt sein, sein Brüderchen ist dann 2 Jahre alt. Dann ist das Schulkind 4 mal so alt als sein Brüderchen. Das Jahr darauf wird das Schulkind in die 3. Klasse gehen und 9 Jahre alt sein, sein Brüderchen 3 Jahre. Dann ist das Schulkind 3 mal so alt usw. Wenn aber das Schulkind einmal in die 6. Klasse gehen und 12 Jahre alt sein wird, ist sein Brüderchen 6 Jahre. Dann ist das Schulkind nurmehr 2 mal so alt als sein Bruder, der nun selbst bald ein Schulkind werden wird. Als das Schulkind in die 1. Klasse gegangen war, war sein Brüderchen noch ein Baby, das Schulkind konnte aber schon fröhlich herumspringen und war damals 7 mal so alt. Wenn das Schulkind einmal 12 Jahre alt ist, dann kann sein Bruder schon hurtig mit ihm gehen. Da werden die beiden nicht mehr so verschieden sein; es ist das eine Kind dann nur mehr doppelt so alt als das andere. Wenn aber das Schulkind einmal erwachsen und schon 40 Jahre alt sein wird, so wird sein Bruder 34 Jahre alt sein, dann wird man schon gar nicht mehr so sicher sein, welcher von beiden der Ältere ist.

Die schriftlichen Rechenoperationen

Für längere Rechnungen und größere Zahlen braucht man die schriftlichen Rechenoperationen. Bei diesen kommt es darauf an, daß die Zahlen stets richtig untereinander geschrieben werden. Man denke sich hierzu, man hätte eine Reihe von Zahlen, größere und kleinere längs des Randes eines Papierblattes aufzuschreiben. Das Papier soll beim Aufschreiben nicht gedreht werden, also stets in derselben Lage bleiben.

Am oberen und unteren Blattrand werden die Zahlen in Schreibordnung von links nach rechts angeschrieben. Am linken und rechten Blattrand hingegen, an denen das Aufschreiben mehrstelliger Zahlen nicht mehr dem Blattrand parallel, sondern zu ihm senkrecht verläuft, kommen die aufeinanderfolgenden Zahlen untereinander zu stehen. Am linken Blattrand beginnen sie jeweils am Blattrand mit ihrer linken Ziffer und ragen verschieden weit in das Blatt herein (siehe Figur 24). Beim rechten Blattrand hingegen muß man, je nachdem, wieviel Stellen eine Zahl hat, verschieden weit vom Blattrand anfangen, damit sie auch bis dahin reicht. So muß man bei der Aufschreibungsart des rechten Blattrandes mehr aufpassen, aber dafür ergibt sich zum Unterschied zu den andern Blatträndern, daß nun alle Einer, alle Zehner, alle Hunderter, alle Tausender usw. untereinander stehen.

```
12  9  412  6  5726
7              3945
4341           1070
328              19
71              986
3            114375
28               27
4937             16
12               19
5                 5
9  81   7253     74
```

Figur 24

Die Zahlen 5726, 3945 und 1070 haben z. B.

5726 = 5 Tausender, 7 Hunderter, 2 Zehner, 6 Einer,
3945 = 3 Tausender, 9 Hunderter, 4 Zehner, 5 Einer,
1070 = 1 Tausender, 0 Hunderter, 7 Zehner, 0 Einer,

und es stehen alle Einer, alle Zehner, alle Hunderter und alle Tausender untereinander. Bei allen schriftlichen Rechnungen werden die Zahlen immer so untereinander geschrieben, wie sie am rechten Blattrand stehen. Um dies zu üben, kann man statt eines Blattrandes auch nur einen vertikalen Strich ziehen und verschieden große Zahlen links von ihm ansetzen:

420
12
3793
6
298
14724
3040
400

Die Zahlen sind so untereinander geschrieben, daß sie beim seitlichen Auseinanderrücken ergeben:

		4	2	0
			1	2
	3	7	9	3
				6
		2	9	8
1	4	7	2	4
	3	0	4	0
		4	0	0

Addieren: In der auseinander gerückten Aufschreibung kann man nun die Zahlen jeder Kolonne leicht zusammenzählen, entweder mit oder ohne Verwendung des Rechenläufers (Seite 23), und man erhält:

		4	2	0
			1	2
	3	7	9	3
				6
		2	9	8
1	4	7	2	4
	3	0	4	0
		4	0	0
1	10	24	27	23

Eine Rechnung, bei der die Zahlen nur bis zu den Hundertern reichen, zeigt dasselbe in kürzerer Form:

256	2	5	6
463	4	6	3
592	5	9	2
374	3	7	4
	14	27	15

Denkt man sich die Kolonnen erneut zusammengerückt, so ergibt sich die Schwierigkeit, die Summen entsprechend einzufügen. Schreiben wir die Summe der rechten Kolonne, 15, unter den Strich, wie eben Zahlen untereinander geschrieben werden, so nehmen wir damit der Summe der mittleren Kolonne 27 den Platz weg. Besteht die Zahl 27 darauf, ihren Platz zu behalten, so gelangen die beiden Ziffern 1 und 7 ineinander. Dasselbe tritt auch nochmals bei den beiden Ziffern 2 von 27 und 4 von 14 von den beiden linken Kolonnen ein. Schreibt man diese einmal ineinander an die Tafel, so werden die Ziffern bis zur Unkenntlichkeit undeutlich. Um das zu vermeiden, kann die 27, die ihren Platz besetzt fand, nachgeben und sich in ihrer richtigen Kolonne eine Zeile tiefer niederlassen. Dabei gibt sie zugleich auch den Platz für die 14 frei, und man erhält:

```
 256
 463
 592
 374
────
1415
 27
────
1685
```

wobei man beim Zusammenzählen 1685 bekommt.

Die 27 hatte nachgegeben. Noch besser wäre es gewesen, die 15 hätte nur ihren eigenen Platz für die 5 eingenommen und wäre selbst mit der 1 nach unten gegangen. Wäre dann auch die 27 dem guten Beispiel gefolgt, so hätte man bekommen:

256
463
592
374

1475
21

1685

Anstatt die Ziffern 1 und 2 von 15 und 27 eine Zeile tiefer rücken zu lassen, kann man sie auch darüber setzen. Zuletzt kann man sie auch klein geschrieben über den Strich setzen und gleich mitaddieren. So ergeben sich die zwei Schritte:

256	256
463	463
592	592
374	374
	2 1
———	———
2 1	
1475	1685
———	
1685	

Bei dem ersten Schritt werden die drei Additionen noch für sich genommen, erst der zweite beansprucht einen durchgehenden Denkprozeß.

Multiplizieren: Beim Multiplizieren sind es die Einmaleinsreihen, die eine ähnliche Rolle spielen, wie beim Addieren das Zählen. So wie beim Zählen der Rechenläufer, so kann beim Multiplizieren die Einmaleinstabelle (Seite 20) helfen. Übt man z. B. das Einmaleins von 6, erst in der Reihenfolge, dann gemischt, erst mündlich, dann schriftlich, z. B.:

$3 \times 6 = 18$
$2 \times 6 = 12$
$6 \times 6 = 36$
$4 \times 6 = 24$
$5 \times 6 = 30$
$2 \times 6 = 12$
$7 \times 6 = 42$

und schreibt die verwendeten Zahlen nebeneinander auf und für alle gemeinsam × 6, so kann man die Ergebnisse unter die betreffenden Zahlen setzen, wie Zahlen eben untereinander geschrieben werden, und sie am Schlusse addieren:

```
   3 2 6 4 5 2 7 × 6
 -------------------
 1 8
   1 2
     3 6
       2 4
         3 0
           1 2
             4 2
 ---------------
 1 9 5 8 7 1 6 2
```

Auf das gleiche Ergebnis kommt man, wenn man die Zahl 3264527 sechs mal untereinander schreibt und addiert:

```
   3 2 6 4 5 2 7
   3 2 6 4 5 2 7
   3 2 6 4 5 2 7
   3 2 6 4 5 2 7
   3 2 6 4 5 2 7
   3 2 6 4 5 2 7
 ---------------
 1 9 5 8 7 1 6 2
```

Man kann aber auch beim Multiplizieren von rückwärts beginnen und erhält:

```
   3 2 6 4 5 2 7 × 6
 -------------------
             4 2
           1 2
         3 0
       2 4
     3 6
   1 2
 1 8
 ---------------
 1 9 5 8 7 1 6 2
```

Das Ergebnis ist immer das gleiche. Man kann aber auch eine beliebige Reihenfolge nehmen, z. B. die kleinsten Zahlen zuerst multiplizieren und dann allmählich zu den größeren aufsteigen. Es können dabei auch mehrere Teilprodukte nebeneinander in dieselbe Zeile gesetzt werden, stets mit genauem Beachten des richtigen Untereinanderschreibens:

```
  3 2 6 4 5 2 7 × 6
-----------------
  1 2       1 2
1 8   2 4
    3 6 3 0 4 2
---------------
1 9 5 8 7 1 6 2
```

In der ersten Zeile unter dem oberen Strich sind die beiden 12 angeschrieben, die durch Multiplizieren der beiden 2 mit 6 entstehen, in der nächsten Zeile darunter 18 und 24, die sich durch Multiplizieren von 3 und 4 mit 6 ergeben, und in der dritten Zeile die Zahlen 30, 36 und 42, die aus dem Multiplizieren von 5, 6 und 7 mit 6 hervorgehen. Am Schlusse wurde wieder jede Kolonne addiert. Dabei waren zwischen den Strichen nurmehr 3 Zeilen nötig, statt der 7 Zeilen von vorher. Multipliziert man zuerst jede zweite Zahl, und dann die übrigen, so kann man auch mit 2 Zwischenzeilen auskommen:

```
  3 2 6 4 5 2 7 × 6
-----------------
1 8 3 6 3 0 4 2
  1 2 2 4 1 2
---------------
1 9 5 8 7 1 6 2
```

Wenn man nach dem Multiplizieren jeder Zahl mit 6 die vordere Ziffer jedes Ergebnisses nach unten rückt, um auch dem nächsten Platz zu lassen, ganz wie beim Addieren, so kann man auch alle Zahlen nacheinander multiplizieren und erhält:

```
  3 2 6 4 5 2 7 × 6
-----------------
1 8 2 6 4 0 2 2
  1 3 2 3 1 4
---------------
1 9 5 8 7 1 6 2
```

Nun kann man noch die Ziffern: 1 3 2 3 1 4, statt darunter, darüber setzen:

```
   3 2 6 4 5 2 7 × 6
  ------------------
   1 3 2 3 1 4
 1 8 2 6 4 0 2 2
 ---------------
 1 9 5 8 7 1 6 2
```

und dann noch klein geschrieben über den Strich hinauf. Zuletzt werden Multiplizieren und Addieren fortlaufend miteinander ausgeführt:

```
   3 2 6 4 5 2 7 × 6
   1 3 2 3 1 4
 ---------------
 1 9 5 8 7 1 6 2
```

Für den Anfang des schriftlichen Multiplizierens empfiehlt es sich, zunächst einen ganzen Vormittag beim Multiplizieren mit einer bestimmten Zahl z. B. 6 zu bleiben. So kann man mit dem Sprechen des Einmaleinses von 6 beginnen, kann das Einmaleins vorwärts und rückwärts sprechen lassen, es an einer beliebigen Stelle einsetzen lassen oder auch z. B. nur alle geraden Vielfachen herausgreifen usw. Dann geht man zum schriftlichen Multiplizieren über, immer wieder nur mit 6. Am nächsten Morgen führt man dieselbe Folge von Übungen für eine andere Zahl durch und erst, wenn dies einigemale geübt ist, nimmt man das Multiplizieren mit verschiedenen Zahlen vor. Für eine bestimmte Folge ergibt sich z. B.:

$$3\,2\,6\,4\,5\,2\,7 \times 6 = 1\,9\,5\,8\,7\,1\,6\,2$$
$$3\,2\,6\,4\,5\,2\,7 \times 7 = 2\,2\,8\,5\,1\,6\,8\,9$$
$$3\,2\,6\,4\,5\,2\,7 \times 8 = 2\,6\,1\,1\,6\,2\,1\,6$$
$$3\,2\,6\,4\,5\,2\,7 \times 9 = 2\,9\,3\,8\,0\,7\,4\,3$$

Durch Addieren der Ausgangszahl läßt sich dabei jedes Resultat in das nächste überführen. Solche Bestätigungs-Übungen stärken das Erlebnis des Zusammenstimmens in der Mathematik und der Beziehungen zwischen verschiedenen Operationen.

Beim Übergang zum Multiplizieren mit mehrziffrigen Zahlen kann man nun ansetzen:

3 2 6 4 5 2 7 × 6 7 8 9

wobei sich die schon erhaltenen Resultate verwenden lassen. Man rückt sie nur in demselben Sinne, wie die Zahlen 6 7 8 9 nebeneinanderstehen, um je eine Stelle weiter. Dies kann auf zweierlei Art geschehen:

```
  3 2 6 4 5 2 7 × 6 7 8 9
-----------------
1 9 5 8 7 1 6 2
  2 2 8 5 1 6 8 9
    2 6 1 1 6 2 1 6
      2 9 3 8 0 7 4 3
-----------------------
2 2 1 6 2 8 7 3 8 0 3
```

oder auch

```
      3 2 6 4 5 2 7 × 6 7 8 9
      -------------
      2 9 3 8 0 7 4 3
    2 6 1 1 6 2 1 6
  2 2 8 5 1 6 8 9
1 9 5 8 7 1 6 2
-----------------------
2 2 1 6 2 8 7 3 8 0 3
```

Jeder Klassenlehrer wird selbst beurteilen, wie lange die Rechnungen sein können, die er seiner Klasse zumuten kann. Allgemein sei nur darauf hingewiesen, daß lange Rechnungen als rhythmisch wiederholendes Fortführen desselben Prozesses methodische Vorteile bieten.

Subtrahieren: Mit dem Subtrahieren läßt sich daran anknüpfen, daß nun, im Gegensatz zum Addieren, einige Rechnungen möglich sind und andere nicht. So ergeben sich die Fragen:

Subtrahieren	möglich?
5—3	ja
6—7	nein
8—5	ja
7—2	ja
3—6	nein
5—5	ja
8—2	ja

Schreibt man nun dort, wo ein Subtrahieren möglich ist, auch das Ergebnis hinzu, so erhält man:

Subtrahieren	möglich?	Ergebnis
5—3	ja	2
6—7	nein	—
8—5	ja	3
7—2	ja	5
3—6	nein	—
5—5	ja	0
8—2	ja	6

Damit wir aber auch dort, wo das Subtrahieren nicht möglich ist, und wo jetzt nur ein Strich steht, etwas rechnen können, nehmen wir statt 6—7 nunmehr 16—7 und statt 3—6 nun 13—6. Damit nimmt die Übung die Form an:

1. Subtrahieren 5—3. Möglich? Ja. Ergebnis 2.
2. Subtrahieren 6—7. Möglich? Nein. Wir rechnen 16—7. Ergebnis 9.
3. Subtrahieren 8—5. Möglich? Ja. Ergebnis 3.
4. Subtrahieren 7—2. Möglich? Ja. Ergebnis 5.
5. Subtrahieren 3—6. Möglich? Nein. Wir rechnen 13—6. Ergebnis 7.
6. Subtrahieren 5—5. Möglich? Ja. Ergebnis 0.
7. Subtrahieren 8—2. Möglich? Ja. Ergebnis 6.

Als Tabelle aufgeschrieben ergibt das Vorige:

Subtrahieren	Möglich?	Bei Ja: Ergebnis	Bei Nein: Wir rechnen	Bei Nein: Ergebnis
5—3	ja	2	—	—
6—7	nein	—	16—7	9
8—5	ja	3	—	—
7—2	ja	5	—	—
3—6	nein	—	13—6	7
5—5	ja	0	—	—
8—2	ja	6	—	—

Dasselbe läßt sich in noch zusammengefaßtere Aufschreibung bringen. Im Folgenden sind dieselben Zahlen, die voneinander subtrahiert werden, untereinander aufgeschrieben; dazu ist je ein Strich über und unter ihnen gezogen:

```
1 6   1 3
-------------
5 6 8 7 3 5 8
3 7 5 2 6 5 2
-------------
2 9 3 5 7 0 6
```

Die Fragen werden in derselben Weise gestellt wie vorher. Wenn die Antworten darauf, ob das Subtrahieren möglich ist, ja sind, wird das Ergebnis sogleich darunter geschrieben, z. B. bei 5—3 = 2, 8—5 = 3, 7—2 = 5, 5—5 = 0 und 8—2 = 6. Wenn aber die Antworten nein sind, so rechnen wir statt 6—7 nunmehr 16—7 = 9 und bei 3—6 nunmehr 13—6 = 7. Darüber geschrieben werden die 16 und die 13, und die Ergebnisse 9 und 7 darunter.

Zuletzt werden die hinzugefügten Zehner von 16 und 13 in ihren Kolonnen wieder abgezogen und damit das Endergebnis des Subtrahierens erreicht:

```
1 6   1 3
-------------
5 6 8 7 3 5 8
3 7 5 2 6 5 2
-------------
2 9 3 5 7 0 6
1     1
-------------
1 9 3 4 7 0 6
```

In dieser Form kann das Subtrahieren entweder von links oder von rechts oder auch von einer beliebigen Stelle in der Mitte aus vorgenommen werden. Der Begriff des Borgens beim Subtrahieren ist ausgeschaltet, der ja schon dadurch problematisch ist, daß zu einem Borgen ein Zurückgeben gehört, aber beim Subtrahieren davon nicht die Rede ist.

Bei Aufgaben, bei denen sich die Antworten des Nein häufen, sind gelegentlich auch 2 Zeilen über dem Strich nötig, aber niemals mehr, z. B. für 200000—138762:

```
  1 0 1 0
1 0 1 0 1 0
-----------
2 0 0 0 0 0
1 3 8 7 6 2
-----------
1 7 2 3 4 8
1 1 1 1 1
-----------
  6 1 2 3 8
```

Nur auf einen Fall sei noch besonders aufmerksam gemacht. Es ist der, daß eine 11 über den Strich kommt. Ihr rechter Einser ist dann nur eine Wiederholung eines Einsers, der schon vorher in der Zahl vorhanden war, während der linke hinzugekommen ist. Somit wird nur der linke Einser unten in seiner Kolonne abgezogen. Um Verwechslungen vorzubeugen, empfiehlt es sich, beim Auftreten einer 11 um den rechten Einser einen Ring zu machen. Alle Einser ohne Ring werden dann nach unten übertragen und abgezogen. Ein Beispiel: 729183—582967:

```
1 2 1 ① 1 3
-----------
7 2 9 1 8 3
5 8 2 9 6 7
-----------
2 4 7 2 2 6
1   1   1
-----------
1 4 6 2 1 6
```

Diese Form des Subtrahierens ist nicht als die endgültige gedacht. Es ist jene Zwischenstufe, bei der es noch möglich ist, alle Teilsubtraktionen unabhängig voneinander durchzuführen. Damit läßt sich eine größere Klasse rasch in den Stand versetzen, auch lange schriftliche Subtraktionen ausführen zu können, so daß dem Lehrer dann die Möglichkeit gegeben ist, einzelnen Kindern das zusammengezogene Verfahren zu zeigen. Als solches ist die sogenannte österreichische Methode am meisten zu empfehlen, bei der man spricht:

$$\begin{array}{r} 5\,9\,2\,6 \\ 2\,7\,5\,4 \\ \hline 3\,1\,7\,2 \end{array}$$

4 und $\underline{2}$ ist 6; 5 und $\underline{7}$ ist 12, behalte 1; 1 + 7 ist 8; 8 und $\underline{1}$ ist 9; 2 und $\underline{3}$ ist 5. Dabei geschieht das Subtrahieren des hinzugefügten Zehners gleich mit der Zahl seiner Kolonne zusammen.

Dividieren. Eines Tages läßt sich noch einmal ein Üben von Einmaleinsreihen z. B. des Einmaleins von 6 vornehmen, aber wieder in etwas veränderter Form. Zuerst geht man das Einmaleins von 6 der Reihe nach durch, dann greift man einzelne Zahlen heraus und zuletzt frägt man: Ist 15 auf der 6er Reihe? Antwort: Nein. Ist 38 auf der 6er Reihe? Nein. Ist 22 auf der 6er Reihe? Nein. Ist 42 auf der 6er Reihe? Ja. Nun frägt man weiter: Welches ist die Zahl der 6er Reihe vor 15? Antwort: 12. Welches ist die Zahl der 6er Reihe vor 38? Antwort: 36. Welches ist die Zahl der 6er Reihe vor 22? Antwort: 18. Als nächste Frage folgt: Um wieviel ist die 15 größer als die Zahl der 6er Reihe vor ihr? Antwort: 3. Um wieviel ist die 38 größer als die Zahl der 6er Reihe vor ihr? Antwort: 2. Und bei 22? Antwort: 4. Nächste Frage: Wieviel mal 6 hat die Zahl der 6er Reihe? Antwort: 12 = 2 × 6; 36 = 6 × 6; 18 = 3 × 6; 42 = 7 × 6. Nun schreiben wir alle Antworten auf.

Gewählte Zahl	Ist sie auf der 6er Reihe?	Welches ist die Zahl der 6er Reihe vor ihr?	Wieviel ist sie über dieser Zahl?	Wieviel mal 6 hat die Zahl der 6er Reihe?
15	nein	12	3	2
38	nein	36	2	6
22	nein	18	4	3
42	ja	42	0	7

Dann läßt sich wieder zu einer zusammengezogenen Schreibweise übergehen. Man schreibt an die Tafel 15822, nimmt die beiden ersten Ziffern zusammen: 15 und wiederholt die Fragen:

Gewählte Zahl	15
Ist sie auf der 6er Reihe?	nein
Welches ist die Zahl der 6er Reihe vor ihr?	12
Wieviel ist 15 über 12?	3
Wieviel mal 6 hat die 12?	2

Die Antworten schreiben wir nun so an, daß wir die 12 unter die 15 setzen, darunter dann einen Strich ziehen, darunter dann die Zahl 3. Die letzte Zahl 2 notieren wir rechts:

```
1 5 8 2 2        2
1 2
———
  3
```

Nun nehmen wir die 8 zur 3 herunter, erhalten 38 und setzen die Fragen fort:

Gewählte Zahl	38
Ist sie auf der 6er Reihe?	nein
Welches ist die Zahl der 6er Reihe vor ihr?	36
Wieviel ist 38 über 36?	2
Wieviel mal 6 hat die 36?	6

Die Antworten schreiben wir wieder so an, daß 36 unter die 38 kommt, darunter ein Strich, darunter 2. Die letzte Zahl 6 schreiben wir wieder nach rechts:

```
1 5 8 2 2        2 6
1 2
———
  3 8
  3 6
  ———
    2
```

Nun nehmen wir wieder die nächste Ziffer herunter, erhalten 22 und setzen fort:

Gewählte Zahl	22
Ist sie auf der 6er Reihe?	nein
Welches ist die Zahl der 6er Reihe vor ihr?	18
Wieviel ist 22 über 18?	4
Wieviel mal 6 hat die 18?	3

So erhält man:

```
1 5 8 2 2          2 6 3
1 2
———
  3 8
  3 6
  ———
    2 2
    1 8
    ———
      4
```

Nun nehmen wir nochmals die nächste Zahl herunter und setzen fort:

Gewählte Zahl	42
Ist sie auf der 6er Reihe?	ja
Welches ist die Zahl der 6er Reihe?	42
Wieviel ist die Zahl darüber?	0
Wieviel 6er hat die 42?	7

Die Antwort kommt wieder darunter; dann folgt wieder ein Strich und dann die 0. Die letzte Zahl 7 schreiben wir wieder rechts an. Zuletzt notieren wir noch, daß wir mit der 6er Reihe gerechnet haben, und es steht nun da:

```
1 5 8 2 2 : 6 = 2 6 3 7
1 2
———
  3 8
  3 6
  ———
    2 2
    1 8
    ———
      4 2
      4 2
      ———
        0
```

Multipliziert man 2637 × 6, so kommt man wieder auf 15822 zurück.

Auf dem beschriebenen Wege wurden dieselben Rechenvorgänge 3mal durchlaufen, das erste Mal als mündliche Rechnung, dann unter Verwendung einer Tabellenanordnung und das dritte Mal mit verkürzter Divisionsaufschreibung. Das wiederholte Durchlaufen, mehr als viele Erklärungen, ruft die Aktivität der Schüler auf. Ergänzende Ausführungen können auf verschiedenen Stufen hinzugefügt werden.

Beim Dividieren durch mehrstellige Zahlen kommt als Neues nur noch das Abschätzen hinzu, wie oft eine Zahl in einer anderen enthalten ist. Man wird daher, bevor man zu solchen Divisionen übergeht, diesbezügliche Übungen vorwegnehmen und fragen: Wieviel mal ist 25 in 109 enthalten? Antwort: 25 × 4 ist 100, während schon 25 × 5 = 125 zu groß wäre. Wieviel mal ist 25 in 92 enthalten? Antwort: 3mal. Es ist 25 × 3 = 75, während 25 × 4 = 100 zu groß wäre. Wieviel mal 25 sind 175? Antwort: Genau 7 mal; 25 × 7 = 175. Bei 25 ist dies leichter zu durchschauen, weil sich seine Vielfachen in jeweils 25, 50, 75 und 100 wiederholen. Nun geht man zu Zahlen über, bei denen der Zusammenhang weniger durchschaubar ist, z. B.: Wieviel mal ist 43 in 342 enthalten? Man wird dann leicht an 8 mal denken, aber 43 × 8 = 344, also schon zuviel. Ein freudiger Wettbewerb des Schätzens wird sich dabei anregen lassen, und zuletzt notiert man die richtigen Ergebnisse wieder in Tabellenform:

Gewählte Zahl	Vielfaches von 25 vor ihr	Um wieviel ist die Zahl darüber?	Wieviel mal 25?
109	100	9	4
92	75	17	3
175	175	0	7

und dasselbe in zusammengefaßter Aufschreibung:

```
1 0 9 2 5 : 2 5 = 4 3 7
1 0 0
-----
    9 2
    7 5
    -----
    1 7 5
    1 7 5
    -----
        0
```

wobei 437 × 25 = 10925 wieder zum Anfang zurückführt.

Mit dem noch weiter verkürzten Verfahren, bei dem Multiplizieren und Subtrahieren miteinander verbunden ausgeführt werden, empfiehlt es sich, erst dann zu kommen, wenn der Weg der längeren Aufschreibung gut geübt ist. Die Verkürzung einer Aufschreibung bedeutet stets eine Steigerung der Gedankentätigkeit, und diese stellt eine erhöhte Forderung an die intellektuelle Entwicklung, deren individuell verschiedenes Tempo zu berücksichtigen ist.

Üben der schriftlichen Rechenoperationen

Für das Üben der schriftlichen Rechenoperationen gilt es, einerseits die Rechenvorgänge zu einem dauernden und sicheren Besitztum der Schüler werden zu lassen und andererseits nicht in Drill auszuarten oder langweilig zu werden. Man wird es vermeiden, Rechenbeispiele vorzunehmen, deren Ergebnisse für die Schüler von geringem Interesse sind. Dazu braucht man keineswegs nur Anregungen bei angewandten Beispielen zu suchen, sondern kann auch ganz im Gebiet der Zahlen selbst verbleiben. Man kann beginnen, etwa in der folgenden Art zu den Kindern zu sprechen: „Nun seid ihr an diesem schönen, klaren Tage hierher in die Schule gekommen. Ist es in eurem Kopfe auch so klar? Seid ihr gut ausgeruht und frisch? Nun, dann können wir gleich mit einer Addition beginnen:

$$\begin{array}{r} 12 \\ 23 \\ 7 \\ 31 \\ 18 \\ 9 \\ \hline 100 \end{array}$$

Bald werden einige Kinder ankündigen, daß gerade 100 herauskommt, und die anderen bestätigen es nach und nach. Nun zwei weitere Additionen:

15	11
20	17
2	26
11	5
32	20
20	21
100	100

Es kommt zur Freude der Kinder in beiden Fällen wieder 100 heraus. Nun besteht aber schon die Versuchung, daß bei der nächsten Addition geraten wird, und so wird der Lehrer rechtzeitig zuvorkommen:

19
20
24
7
15
26
111

Jetzt ist die Erwartung noch größer, was in der nächsten Addition herauskommen wird. Es folgen nun drei Additionen von je 4 dreistelligen Zahlen:

251	785	958
324	823	745
417	149	836
119	465	794
1111	2222	3333

Bevor dies wieder monoton wird, kann man etwa folgen lassen:

896	976	384
784	887	562
983	793	217
771	879	453
3434	3535	1616

oder:

1 5 4	4 3 1	8 7 9
2 3 7	6 2 4	7 4 2
3 8 1	2 5 6 3	5 0 8
4 6 2	7 0 3	3 3 9
1 2 3 4	4 3 2 1	2 4 6 8 usw.

Die Schüler werden mit der Zeit fragen, wie man das macht, daß solche Resultate herauskommen. So wird man ihnen zeigen, wie man sich z. B. für eine Addition von vier dreistelligen Zahlen erst ein bestimmtes Ergebnis wählen kann, dazu dann auch noch drei der Zahlen (wobei man darauf zu achten hat, daß man mit den drei Zahlen zusammengenommen nicht schon über das Ergebnis hinauskommt) und zuletzt die vierte Zahl erhält, indem man die Summe der drei gewählten Zahlen von dem Ergebnis subtrahiert. Hat man sich z. B. als Ergebnis 1 2 3 4 ausgesucht und als die drei ersten Zahlen

1 5 4
2 3 7
3 8 1

gewählt, deren Summe 772 nicht zu hoch ist, so erhält man 1 2 3 4 — 7 7 2 = 4 6 2 für die vierte Zahl. Meistens ergreifen dann die Schüler selbst die Initiative und sagen, sie wollen auch solche Beispiele machen. Es kann leicht dahin kommen, daß soviele Beispiele an den nächsten Tagen mitgebracht werden, daß man für eine Woche mit Übungsstoff versorgt ist. Damit ist zugleich die Antwort auf den Einwand gegeben, daß es für die Klasse zweifellos anregend sein wird, solch vorbereitete Resultate zu bekommen, aber unökonomisch in der Vorbereitungszeit. Was die Vorbereitung für die ersten Übungen an Mehraufwand braucht, wird an den folgenden Tagen durch die Beiträge der Schüler wettgemacht.

Für das Multiplizieren lassen sich u. a. die folgenden Übungen verwenden:

$$
\begin{aligned}
37 \times 3 &= 111\\
37 \times 6 &= 222\\
37 \times 9 &= 333\\
37 \times 12 &= 444\\
37 \times 15 &= 555\\
37 \times 18 &= 666\\
37 \times 21 &= 777\\
37 \times 24 &= 888\\
37 \times 27 &= 999
\end{aligned}
$$

oder weitergeführt:

$$
\begin{aligned}
37037 \times 3 &= 111\,111\\
37037 \times 6 &= 222\,222\\
37037 \times 9 &= 333\,333\\
&\ldots\ldots
\end{aligned}
$$

$$
\begin{aligned}
37037037 \times 3 &= 111\,111\,111\\
37037037 \times 6 &= 222\,222\,222\\
37037037 \times 9 &= 333\,333\,333\\
&\ldots\ldots
\end{aligned}
$$

Eine weitere Aufgabenreihe ist:

$$
\begin{aligned}
12345679 \times 9 &= 111\,111\,111\\
12345679 \times 18 &= 222\,222\,222\\
12345679 \times 27 &= 333\,333\,333\\
12345679 \times 36 &= 444\,444\,444\\
12345679 \times 45 &= 555\,555\,555\\
12345679 \times 54 &= 666\,666\,666\\
12345679 \times 63 &= 777\,777\,777\\
12345679 \times 72 &= 888\,888\,888\\
12345679 \times 81 &= 999\,999\,999
\end{aligned}
$$

wobei in der Ziffernfolge des ersten Faktors die 8 fehlt. Die Antwort, warum das so ist, läßt sich am besten aus der folgenden Division entnehmen, deren Teildividenden 11; 21; 31; 41; 51; 61; 71; 81 sind:

```
111111111:9 = 12345679
 9
 --
 21
 18
 --
  31
  27
  --
   41
   36
   --
    51
    45
    --
     61
     54
     --
      71
      63
      --
       81
       81
       --
        0
```

Notiert man nun, wie oft die 9 jeweils enthalten ist und welche Reste sich ergeben, so erhält man:

Teildividenden	11	21	31	41	51	61	71	81
Wie oft ist die 9 enthalten?	1	2	3	4	5	6	7	9
Reste	2	3	4	5	6	7	8	0

Sowohl die Anzahl der enthaltenen 9, wie die Reste nehmen bis zu 71 schrittweise um 1 zu. Danach würde sich für 81 ergeben:

Wie oft ist die 9 enthalten?	8
Rest	9

Der Rest ist damit zu einer weiteren 9 angewachsen, und so wird die Anzahl der enthaltenen 9 von 8 zu 9 und der Rest zu 0.

Die Beispiele der Multiplikationen von 1 2 3 4 5 6 7 9 lassen sich in der Klasse auch so behandeln, daß man die Schüler auffordert, sich eine der Zahlen von 1 bis 9 auszuwählen. Wenn z. B. 4 gewählt wurde, so läßt man die Multiplikation von 1 2 3 4 5 6 7 9 mit 36 (gewählte Zahl 4, multipliziert mit 9) ausführen und erhält:

$$
\begin{array}{r}
12345679 \times 36 \\
\hline
74074074 \\
37037037 \\
\hline
444444444
\end{array}
$$

Die Übungsreihe läßt die folgende Erweiterung zu:

$$
\begin{aligned}
1122334455667789 \times 9 &= 10101010101010101 \\
1122334455667789 \times 18 &= 20202020202020202 \\
1122334455667789 \times 27 &= 30303030303030303
\end{aligned}
$$

. . . . . .

Die Zahlen von 1 bis 7 kommen paarweise vor und nur die Zahlen 8 und 9 einfach, was sich wieder aus der Division:

$$10101010101010101 : 9 = 1122334455667789$$ ergibt.

Eine nächste Erweiterung führt zu:

$$
\begin{aligned}
111222333444555666777889 \times 9 &= 1001001001001001001001001 \\
111222333444555666777889 \times 18 &= 2002002002002002002002002
\end{aligned}
$$

. . . . . .

Es empfiehlt sich, solche längeren Aufgaben für rascher arbeitende Schüler bereit zu haben, die gerne etwas Besonderes in Angriff nehmen, während die anderen noch mit der vorhergehenden Aufgabe beschäftigt sind.

Beispiele mit Multiplikationen und zusätzlichen kleinen Additionen sind:

$$
\begin{array}{rr}
1 \times 9 + 2 = & 11 \\
12 \times 9 + 3 = & 111 \\
123 \times 9 + 4 = & 1111 \\
1234 \times 9 + 5 = & 11111 \\
12345 \times 9 + 6 = & 111111 \\
123456 \times 9 + 7 = & 1111111 \\
1234567 \times 9 + 8 = & 11111111 \\
12345678 \times 9 + 9 = & 111111111 \\
123456789 \times 9 + 10 = & 1111111111 \\
1234567890 \times 9 + 10 \times 9 + 11 = & 11111111111 \\
12345678900 \times 9 + 10 \times 10 \times 9 + 11 \times 9 + 12 = & 111111111111 \\
\ldots\ldots &
\end{array}
$$

und

$$
\begin{array}{rr}
1 \times 8 + 1 = & 9 \\
12 \times 8 + 2 = & 98 \\
123 \times 8 + 3 = & 987 \\
1234 \times 8 + 4 = & 9876 \\
12345 \times 8 + 5 = & 98765 \\
123456 \times 8 + 6 = & 987654 \\
1234567 \times 8 + 7 = & 9876543 \\
12345678 \times 8 + 8 = & 98765432 \\
123456789 \times 8 + 9 = & 987654321 \\
1234567890 \times 8 + 10 \times 8 + 10 = & 9876543210
\end{array}
$$

Zum Addieren und Subtrahieren läßt sich die folgende Übung vornehmen: Man läßt eine beliebige dreistellige Zahl wählen, in der die erste und letzte Ziffer voneinander verschieden sind. Dann vertauscht man die erste und letzte Ziffer und erhält so eine zweite Zahl. Nun subtrahiert man die kleinere von der größeren der beiden Zahlen. Im Ergebnis vertauscht man wieder die erste und letzte Ziffer und erhält so eine dritte Zahl. Zuletzt addiert man die zweite und dritte Zahl, z. B.:

Gewählte Zahl	752	} −
Vertauschen	257	
Subtrahieren	495	} +
Vertauschen	594	
Addieren	1089	

Das Ergebnis ist, ganz unabhängig davon, von welcher Zahl man ausgegangen ist, stets dasselbe: 1089 *).

Vor dem Üben des Dividierens läßt sich nochmals auf die Einmaleinsreihen zurückkommen und früher Gelerntes weiter ausführen: Setzt man das Einmaleins von 3 z. B. bis 150 fort, so erhält man:

3	33	63	93	123
6	36	66	96	126
9	39	69	99	129
12	42	72	102	132
15	45	75	105	135
18	48	78	108	138
21	51	81	111	141
24	54	84	114	144
27	57	87	117	147
30	60	90	120	150

In diesen Zahlen wiederholt sich zunächst in jeder Kolonne die Ziffernkolonne der Einer:

3 6 9 2 5 8 1 4 7 0

*) Der Beweis ergibt sich aus der Algebra:

Gewählte Zahl: $a \cdot 100 + b \cdot 10 + c$, wobei $a > c$ sei.
Vertauschen: $c \cdot 100 + b \cdot 10 + a$

Umformung zum Subtrahieren: Gewählte Zahl minus vertauschte Zahl:

$$\left.\begin{array}{l} (a-1) \cdot 100 + (9+b) \cdot 10 + 10 + c \\ \quad c \cdot 100 + \quad b \cdot 10 + \quad a \end{array}\right\} -$$

$$\left.\begin{array}{ll} \text{Differenz:} & (a-c-1) \cdot 100 + 9 \cdot 10 + 10 + c - a \\ \text{Vertauschen:} & (10+c-a) \cdot 100 + 9 \cdot 10 + (a-c-1) \end{array}\right\} +$$

$$\text{Addieren:} \quad 9 \cdot 100 + 18 \cdot 10 + 9 = 1089$$

Zählt man dann in jeder Zahl des Einmaleins von 3 die Ziffern zusammen, bildet die Ziffernsummen, dann wieder deren Ziffernsummen usw., bis zuletzt nur noch eine Ziffer übrig bleibt, so ergibt sich:

3		33	3+3= 6		63	6+3= 9	
6		36	3+6= 9		66	6+6=12	1+2=3
9		39	3+9=12	1+2=3	69	6+9=15	1+5=6
12	1+2=3	42	4+2= 6		72	7+2= 9	
15	1+5=6	45	4+5= 9		75	7+5=12	1+2=3
18	1+8=9	48	4+8=12	1+2=3	78	7+8=15	1+5=6
21	2+1=3	51	5+1= 6		81	8+1= 9	
24	2+4=6	54	5+4= 9		84	8+4=12	1+2=3
27	2+7=9	57	5+7=12	1+2=3	87	8+7=15	1+5=6
30	3+0=3	60	6+0= 6		90	9+0= 9	

In den letzten Ziffernsummen wiederholen sich immer wieder: 3 6 9. Dies gilt, soweit man auch mit der Dreierreihe fortschreitet. Von 570 bis 612 erhält man z. B.:

570	5 + 7 + 0 = 12	1 + 2 = 3
573	5 + 7 + 3 = 15	1 + 5 = 6
576	5 + 7 + 6 = 18	1 + 8 = 9
579	5 + 7 + 9 = 21	2 + 1 = 3
582	5 + 8 + 2 = 15	1 + 5 = 6
585	5 + 8 + 5 = 18	1 + 8 = 9
588	5 + 8 + 8 = 21	2 + 1 = 3
591	5 + 9 + 1 = 15	1 + 5 = 6
594	5 + 9 + 4 = 18	1 + 8 = 9
597	5 + 9 + 7 = 21	2 + 1 = 3
600	6 + 0 + 0 = 6	6
603	6 + 0 + 3 = 9	9
606	6 + 0 + 6 = 12	1 + 2 = 3
609	6 + 0 + 9 = 15	1 + 5 = 6
612	6 + 1 + 2 = 9	9

Diese Eigenschaft der Dreierreihe gibt ein Mittel an die Hand, jederzeit zu erkennen, ob eine beliebige Zahl auf der Dreierreihe liegt: Wenn ihre Ziffernsummen zuletzt 3 oder 6 oder 9 ergeben, ist die Zahl auf der Dreierreihe. Ihre Division durch 3 geht dann auf. Für die Zahl 523440 z. B. erhält man als letzte Ziffernsumme 9; ihre Division durch 3: 523440:3 = 174480 geht ohne Rest auf. Hingegen hat 472582 die Ziffernsumme 28 und die letzte Ziffernsumme ist 1; die Division durch 3: 472582:3 = 157527 hat den Rest 1. Zu diesem Verhalten der Dreierreihe läßt sich noch die folgende Betrachtung anstellen:

Jedesmal, wenn die Zahlen der Dreierreihe zu einem nächst-höheren Zehner aufsteigen, wird die Ziffernsumme durch die Zehnerstelle um 1 erhöht. Die Einerstelle wird dabei entweder von 9 auf 2 oder von 8 auf 1 oder von 7 auf 0, also jedesmal um 7 erniedrigt. Es nimmt somit die Ziffernsumme der Dreierzahlen bei einem Zehnerdurchgang stets um 6 ab. Innerhalb eines Zehners steigt sie dann mit der Einerziffer 2 mal um 3 an, bleibt also wieder stets auf 3 6 9. Bei Hunderter-Durchgängen, z. B. von 99 zu 102, kommt stets ein Hunderter hinzu, 9 Zehner kommen weg, und die Einer nehmen wieder um 7 ab. Im ganzen erfährt also die Ziffernsumme eine Abnahme um 9+7—1= 15, deren Ziffernsumme also wieder um 1+5=6.

Bei der Neunerreihe ergibt das Bilden der Ziffernsummen und dann wieder deren Ziffernsummen usw. nicht das Wiederholen einer Ziffern-Folge, sondern stets die eine Zahl: 9.

9		9
18		1 + 8 = 9
27		2 + 7 = 9
36		3 + 6 = 9
45		4 + 5 = 9
54		5 + 4 = 9
63		6 + 3 = 9
72		7 + 2 = 9
81		8 + 1 = 9
90		9 + 0 = 9
99	9 + 9 = 18	1 + 8 = 9
108		1 + 0 + 8 = 9
117		1 + 1 + 7 = 9
126		1 + 2 + 6 = 9
. . . . . .		

Dies hält an, soweit man auch die Neunerreihe fortsetzt, wobei ähnliche Überlegungen bezüglich der Zehner- und Hunderter-Durchgänge angestellt werden können, wie bei der Dreierreihe. Die Teilbarkeit einer beliebigen Zahl durch 9 ist damit leicht erkennbar.

Bei verschiedenen Reihen findet man so vielerlei rhythmisch wiederkehrende Ziffernfolgen, sowohl in den Einern, wie in den Ziffernsummen, die anregende Untersuchungen ermöglichen. Wo besonders einfache Folgen auftreten, werden sie zu Teilbarkeitsregeln herangezogen.

Eine Zahl ist durch 2 teilbar, sie ist gerade, wenn ihre Einerziffer gerade ist.

Eine Division durch 4 geht auf, wenn die aus Zehnern und Einern gebildete Zahl durch 4 teilbar ist, denn alle Hunderter, Tausender usw. sind von vorneherein durch 4 teilbar. 536 z. B. ist durch 4 teilbar, weil 36 durch 4 teilbar ist — 834 ist nicht durch 4 teilbar, weil 34 nicht durch 4 teilbar ist. Bei einer Division durch 8 liegt die Entscheidung über die Teilbarkeit bei der aus Hundertern, Zehnern und Einern gebildeten Zahl, während die Tausender, Zehntausender usw. von vornherein durch 8 teilbar sind. 5 8 4 8 ist durch 8 teilbar, weil 8 4 8 durch 8 teilbar ist und 8 1 8 8 ist nicht durch 8 teilbar, weil 1 8 8 nicht durch 8 teilbar ist. Eine Zahl ist durch 5 teilbar, wenn die Einer 5 oder 0 sind. Jede solche Zahl liegt auf der 5er-Reihe.

Was die Division durch 11 betrifft, so liegt das Erkennungszeichen der Teilbarkeit an einer Erweiterung der Eigenschaft der Zahlen der 11er-Reihe, daß deren Differenz von Zehnern und Einern 0 ist. Wenn man für eine lange Zahl die 1., 3., 5., 7. . . . Stelle und dann die 2., 4., 6., 8. . . . Stelle zusammenaddiert, und die Differenz beider Summen 0 oder ein Vielfaches von 11 ist, so geht die Division der betreffenden Zahl durch 11 auf. Für die Zahl

4 7 8 2 3 4 8 9 1 1 4 5

ergibt die Summe der 1., 3., 5. . . . Stelle: 2 8 }
und die Summe der 2., 4., 6. . . . Stelle: 2 8 } −

0

Ihre Differenz ist 0 und die Zahl ist durch 11 teilbar. Für die Zahl 84716192 sind die Summen: 2+1+1+4= 8 und 9+6+7+8= 30. Ihre Differenz ist 22, deren Differenz ihrer Zehner und Einer wieder 0 ist; die Zahl 84716192 geht somit bei der Division durch 11 auf.

Eine Zahl ist durch 6 teilbar, wenn sie durch 2 und 3 teilbar ist, durch 12 teilbar, wenn sie durch 4 und 3 teilbar ist, durch 15, wenn sie durch 5 und 3 und durch 18, wenn sie durch 2 und 9 teilbar ist usw. Wenn die Schüler fragen, wie es sich mit der Teilbarkeit durch 7 verhält, so wird man auch diese zeigen, obgleich sie kompliziert ist und zuweilen die Division durch 7 schneller geht. Man teilt zunächst die gegebene Zahl, von rückwärts beginnend, in Gruppen von 3 Ziffern ein. Dann addiert man die 1., 3., 5. . . . Gruppe und ebenso die 2., 4., 6. . . . Gruppe. Ist die Differenz der beiden Summen durch 7 teilbar, so ist es auch die Zahl selbst. Für die Zahl 14349356235142 ergibt die Gruppeneinteilung: 14 349 356 235 142. Die Summe der 1., 3. und 5. Gruppe ist:

$$\left.\begin{array}{r} 142 \\ 356 \\ 14 \end{array}\right\} + \qquad \frac{}{512}$$

und die der 2., 4. Gruppe:

$$\left.\begin{array}{r} 235 \\ 349 \end{array}\right\} + \qquad \frac{}{584}$$

die Differenz 584 — 512 = 72 ist kein Vielfaches von 7; die gegebene Zahl also durch 7 nicht teilbar.

Damit sind die Teilbarkeitsregeln bis zu 12 vollständig, und wenn man noch die Erweiterungen durch Faktorenzerlegung der Zahlen hinzu nimmt, so steht ein weites Feld des Untersuchens und damit ein reicher Übungsstoff des Dividierens bereit.

Bruchrechnen

Um dem Gebiet der Brüche allseitig gerecht zu werden, empfiehlt es sich, sie nicht nur auf einem Wege, durch Teilen, einzuführen, sondern auf dreifache Art: Vom Ganzen zum Teil, vom Teil zum Ganzen und im Aufstellen von Vergleichen.

Vom Ganzen zu einem Teil läßt sich durch das Teilen eines Blattes Papier gelangen, erst in 2 Teile, dann in 4 Teile, dann in 8 Teile usw. oder durch Teilen eines Kreises usw. Wenn in 4 Teile geteilt wurde, so nennt man einen Teil ein Viertel und schreibt dafür $\frac{1}{4}$. Wenn man in 5 Teile geteilt hat, so nennt man einen Teil ein Fünftel und schreibt dafür $\frac{1}{5}$, wenn man aber in 3 Teile geteilt hat, so nennt man einen Teil nicht ein Dreitel, sondern ein Drittel, und wenn man in 2 Teile geteilt hat, ein Halb. Für 3 mal ein Viertel schreibt man $3 \times \frac{1}{4}$ oder kurz $\frac{3}{4}$. Der Dreier zählt die Viertel und heißt Zähler, die 4 benennt die Teile, in die man eingeteilt hat, und heißt Nenner. Man wird nun an verschiedenes Teilen anknüpfen, an das Teilen eines Apfels, an das Teilen einer Geburtstagstorte, an das Verteilen von Geschenken, von gemeinsam Erworbenem usw.

Den zweiten, den umgekehrten Weg, vom Teil zum Ganzen kann man damit beginnen, daß man ein Kind frägt, wieviel Brüder und Schwestern sie zu Hause sind. Wenn es antwortet: 2 Brüder und 1 Schwester, so sind sie drei Geschwister, die zusammengehören, aber natürlich nicht immer beisammen sind. Wenn gerade nur eines der Geschwister da ist, so ist es eines von 3, ein Drittel der Geschwister, und man schreibt dafür wieder $\frac{1}{3}$. Zwei der Geschwister sind $2 \times \frac{1}{3}$ oder $\frac{2}{3}$. Zusammen mit Vater und Mutter sind bei 3 Geschwistern 5 in ihrer Familie. Wenn sie alle beisammen sind, sind es eben 5, wenn aber nur ein Kind allein ist, ist es eines von 5, ein Fünftel der Familie: $\frac{1}{5}$. Zwei Kinder sind $2 \times \frac{1}{5}$ oder $\frac{2}{5}$. Ein Kind gehört nun auch zu einer Schulklasse, in der vielleicht 30 Kinder sind. Wenn es im Klassenzimmer allein ist, ist es nur ein Dreißigstel seiner

Klasse: $\frac{1}{30}$. Das Kind gehört auch zur ganzen Schule, in der z. B. 535 Kinder sind. Es ist also auch eines von 535 Kindern, ein Fünfhundertfünfunddreißigstel, $\frac{1}{535}$. Es ist aber auch z. B. $\frac{1}{558}$ der Schüler mit den Lehrern und $\frac{1}{565}$ all der Menschen, die zur Schule gehören: Schüler, Lehrer, Hausmeister, Hilfskräfte usw. Dasselbe Kind ist aber auch z. B.

$$\frac{1}{200\,000}$$

der Bevölkerung seiner Stadt und ein Bruch mit noch höherem Nenner der Bevölkerung seines Landes und gar

$$\frac{1}{2\,700\,000\,000}$$

der Menschen der ganzen Erde. Um nun auch mit der Zeit zu rechnen, ist eine Stunde $\frac{1}{24}$ eines Tages, ein Tag $\frac{1}{7}$ der Woche, eine Woche $\frac{1}{52}$ des Jahres und das Jahr vielleicht $\frac{1}{80}$ eines Lebens. Ein Tag kann verdorben sein, wenn eine Stunde versäumt wird. Ein Leben kann in einer einzigen Minute gerettet werden. Ein Buch hingegen ist wertlos, wenn ein einziges Blatt darin fehlt, ein Kartenspiel, wenn nur eine Karte verloren ist. In den Denkformen der Gegenwart überwiegt die Richtung vom Ganzen zum Teilen. Man wechselt den schadhaften Teil einer Maschine aus, man stellt die Diagnose, um das geschädigte Organ festzustellen, man lokalisiert die Verantwortung bei einem Unglücksfall. Man sucht die Erklärungen der Naturerscheinungen durch Moleküle und Atome. Schon zum Ausgleich wird es sich empfehlen, die zweite Denkweise entsprechend zu pflegen.

Die dritte Einführung von Brüchen entspricht der Art, wie Brüche sogar am häufigsten zustande kommen, durch Vergleichen. Ein Baum von 12 m Höhe besteht nicht aus 12 Stücken von je 1 m, sondern ist 12mal so lang als ein Maßstab von einem Meter, oder umgekehrt, der Maßstab ein Zwölftel der Höhe des Baumes. In Figur 25 sind zwei Bäume gezeichnet, einer ist größer, der andere kleiner. Jeder ist ein ganzer Baum; der erste ist 3mal so hoch als der zweite und der zweite $\frac{1}{3}$ des ersten.

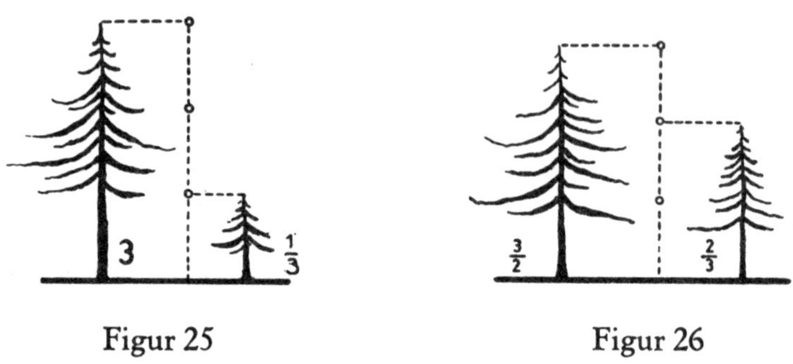

Figur 25 Figur 26

Wäre der größere Baum 4mal so hoch als der kleinere, so hätte der kleinere $\frac{1}{4}$ der Höhe des größeren. Das Umstellen des Vergleiches bewirkt den Übergang von einer ganzen Zahl zu einem Bruch.

In Figur 26 ist nochmals ein größerer und ein kleinerer Baum gezeichnet. Der größere ist $1\frac{1}{2}$ oder $\frac{3}{2}$mal so hoch als der kleinere. Was ist nun der kleinere im Vergleich zum größeren? Antwort: $\frac{2}{3}$.

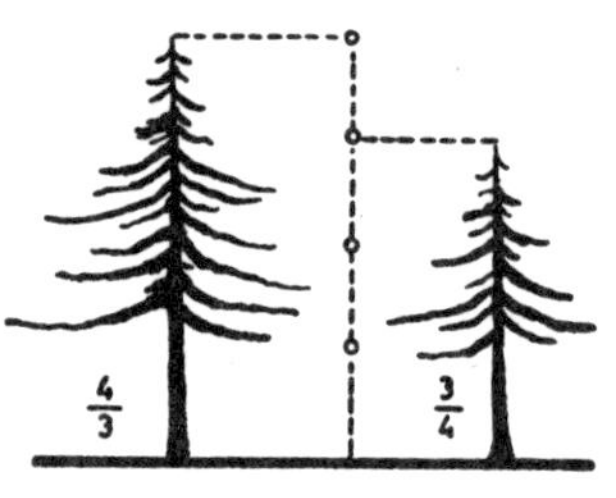

Figur 27

In Figur 27 ist der größere Baum um ein Drittel größer als der kleinere. Er ist $1\frac{1}{3}$ oder $\frac{4}{3}$ des kleineren. Der kleinere ist $\frac{3}{4}$ des größeren.

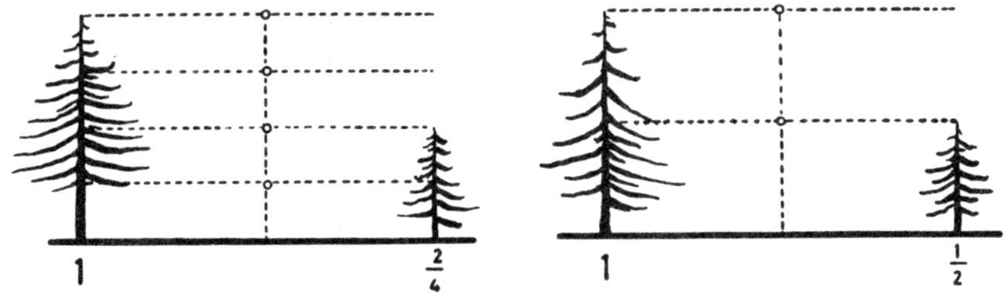

Figur 28

Wenn von 2 Bäumen (Figur 28) der eine $\frac{2}{4}$ des anderen ist, so ist er ebenso groß, wie wenn er $\frac{1}{2}$-mal so groß als der andere wäre.

Wenn in einer Familie 4 Geschwister sind und es sind zwei beisammen, so sind es $\frac{2}{4}$ der Geschwister. Das sind aber auch $\frac{1}{2}$ der Geschwister. Beides ist dasselbe. Wenn ein Kreis geteilt wird, so sind $\frac{2}{4}$ auch soviel wie $\frac{1}{2}$.

Von zwei verschiedenen ganzen Zahlen ist immer die eine größer und die andere kleiner; bei Brüchen können aber auch zwei verschieden geschriebene Brüche gleich groß sein:

$$\frac{1}{2} = \frac{2}{4} = \frac{4}{8} = \frac{8}{16} = \frac{16}{32}\ldots, \text{ aber auch } \frac{1}{2} = \frac{3}{6} = \frac{5}{10} = \frac{7}{14} = \frac{33}{66}\ldots$$

Wenn die Zahl oben an einem Bruch (Zähler) größer wird, wird der Bruch auch größer. Wenn aber die Zahl unten an einem Bruch (Nenner) größer wird, wird der Bruch kleiner. Wenn man den Zähler eines Bruches doppelt so groß macht, wird auch der Bruch doppelt so groß. Wenn man aber den Nenner doppelt so groß macht, wird der Bruch halb so groß. Wenn man beide, Zähler und Nenner, zugleich doppelt so groß macht, so wird der Bruch gleichzeitig doppelt so groß und doppelt so klein; er bleibt dann unverändert.

Da man denselben Bruch mit größeren und kleineren Zahlen schreiben kann — und man will etwas auf einfachste und kürzeste Art schreiben, so sucht man Brüche auf die kürzeste Schreibung zu bringen. Statt $\frac{2}{4}$ schreibt man lieber $\frac{1}{2}$, statt

$$\frac{16}{32} = \frac{8 \times 2}{16 \times 2} = \frac{8}{16} \qquad \frac{4}{8} = \frac{2 \times 2}{4 \times 2} = \frac{2}{4}$$

$$\frac{8}{16} = \frac{4 \times 2}{8 \times 2} = \frac{4}{8} \qquad \frac{2}{4} = \frac{1 \times 2}{2 \times 2} = \frac{1}{2}$$

Da ist man nun bei den einfachsten Zahlen angekommen. Das Erkennen der Teilbarkeit ist dabei besonders nützlich. Der Bruch

$$\frac{142\,560}{199\,584}$$

hat oben und unten gerade Zahlen. Beide enthalten eine 2 und man kann schreiben:

$$\frac{142\,560}{199\,584} = \frac{71\,280 \times 2}{99\,792 \times 2} = \frac{71\,280}{99\,792}$$

Nun sind wieder oben und unten gerade Zahlen. Sie lassen sich nochmals durch 2 teilen und man erhält:

$$\frac{71\,280}{99\,792} = \frac{35\,640 \times 2}{49\,896 \times 2} = \frac{35\,640}{49\,896}$$

Noch dreimal läßt sich oben und unten teilen:

$$\frac{35\,640}{49\,896} = \frac{17\,820 \times 2}{24\,948 \times 2} = \frac{17\,820}{24\,948}$$

$$\frac{17\,820}{24\,948} = \frac{8\,910 \times 2}{12\,474 \times 2} = \frac{8\,910}{12\,474}$$

$$\frac{8\,910}{12\,474} = \frac{4\,455 \times 2}{6\,237 \times 2} = \frac{4\,455}{6\,237}$$

Nun sind beide Zahlen ungerade geworden, lassen sich nicht mehr durch 2 teilen, wohl aber durch 3:

$$\frac{4455}{6237} = \frac{1485 \times 3}{2079 \times 3} = \frac{1485}{2079}$$

denn ebenso, wie man durch 2 „kürzen" kann, ist es auch mit anderen Zahlen, wie 3, 5, 7, 11 ... möglich, wenn Zähler und Nenner durch dieselbe Zahl teilbar sind.

Noch dreimal kann man oben und unten durch 3 teilen:

$$\frac{1485}{2079} = \frac{495 \times 3}{693 \times 3} = \frac{495}{693}$$

$$\frac{495}{693} = \frac{165 \times 3}{231 \times 3} = \frac{165}{231}$$

$$\frac{165}{231} = \frac{55 \times 3}{77 \times 3} = \frac{55}{77}$$

Die Zahlen 55 und 77 sind beide auf der 11er-Reihe. Man kann daher durch 11 teilen und erhält:

$$\frac{55}{77} = \frac{5 \times 11}{7 \times 11} = \frac{5}{7}$$

Aus dem langen Bruch hat man durch das fortgesetzte Teilen zuletzt einen ganz kurzen Bruch erhalten:

$$\frac{142560}{199584} = \frac{5}{7}$$

Ein rascherer Weg zum Kürzen der Brüche besteht darin, Zähler und Nenner in Primfaktoren zu zerlegen. Man schreibt dazu Zähler und Nenner getrennt auf und zieht daneben je einen vertikalen Strich. Auf dessen rechte Seite werden die Primfaktoren geschrieben, die in den Zahlen enthalten sind, die Kleinsten zuerst, jeweils so oft, als sie vorkommen. Unter die gegebenen Zahlen kommen die beim Dividieren durch die Primfaktoren verbleibenden Quotienten:

142560	2	199584	2
71280	2	99792	2
35640	2	49896	2
17820	2	24948	2
8910	2	12474	2
4455	3	6237	3
1485	3	2079	3
495	3	693	3
165	3	231	3
55	5	77	7
11	11	11	11

Trägt man nun die Primzahlzerlegungen in den Bruch ein, so ergibt sich:

$$\frac{2\times2\times2\times2\times2\times3\times3\times3\times3\times5\times11}{2\times2\times2\times2\times2\times3\times3\times3\times3\times7\times11} = \frac{5}{7}$$

Wenn immer ein gleicher Faktor über und unter dem Bruchstrich erscheint, kann man ihn kürzen. Da sowohl oben, wie unten fünfmal der Faktor 2 vorkommt, viermal der Faktor 3 und einmal der Faktor 11, so kann man alle diese Faktoren streichen und es bleibt von dem langen Bruch nurmehr $\frac{5}{7}$ übrig.

Für das Kürzen der Brüche gibt es noch einen dritten Weg. Zähler und Nenner werden nebeneinander aufgeschrieben und die größere Zahl durch die kleinere dividiert. Der verbleibende Rest wird unter den Dividend geschrieben. Dann wird die kleinere Zahl durch den Rest dividiert und der neue Rest, der 2. Rest, wieder unter den Dividend geschrieben. Nun wird der 1. Rest durch den 2. Rest dividiert und so fort, bis einmal die Division aufgeht oder 1 als Rest übrig bleibt. Der letzte Rest ist die größte Zahl, durch die man den gegebenen Bruch kürzen kann,

z. B. für

$$\frac{142\,560}{199\,584}$$

142560	199584	1
28512	57024	2
	0	2

142560 ist in 199584 einmal enthalten und der Rest ist 57024. Dieser ist in 142560 zweimal enthalten und der Rest ist 28512. In 57024 geht 28512 zweimal und ohne Rest auf.

Die wesentliche Rolle spielen in dieser Rechnung die aufeinanderfolgenden Reste, nicht die Quotienten, die nur rechts notiert werden, aber keine weitere Verwendung finden. Aus dem Ergebnis 28512 erhält man nun: 142560 : 28512 = 5 und 199584 : 28512 = 7, also

$$\frac{142\,560}{199\,584} = \frac{28\,512 \times 5}{28\,512 \times 7} = \frac{5}{7}$$

Dieses Verfahren, das der sogenannten „Kettendivision" *), empfiehlt sich besonders, wenn sich der zu kürzende Bruch durch keine der niedrigsten Faktoren kürzen läßt, man also länger nach solchen Faktoren suchen müßte.

Noch ein kurzes Beispiel: $\frac{693}{1\,232} = ?$

Kettendivision:

693	1232	1
154	539	1
	77	3
		2

Daher: $\frac{693}{1\,232} = \frac{77 \times 9}{77 \times 16} = \frac{9}{16}$

*) Worauf die Kettendivision beruht, sei an Hand eines noch kürzeren Beispiels $\frac{96}{42}$ entwickelt. Die zugehörige Kettendivision ist:

96	42	2
12	6	3
		2

Sie besteht aus drei Divisionen: 1. Division ergibt: $96 = 42 \times 2 + 12$
2. Division ergibt: $42 = 12 \times 3 + 6$
3. Division ergibt: $12 = 6 \times 2$

Die dritte Division geht auf; ihr Divisor (6) ist ein Faktor des Dividenden (12). Dividend und Divisor der dritten Division sind aber zugleich Divisor und Rest der 2. Division. Ein gemeinsamer Faktor der rechten Seite der Gleichung der 2. Division muß auch ein Faktor der linken Seite dieser Gleichung sein und ist so Faktor von Dividend (42) und Divisor (12) der 2. Division. Dividend (42) und Divisor (12) der 2. Division

Nach der dreifachen Einführung der Brüche und der des Kürzens von Brüchen läßt sich zum Multiplizieren und Dividieren von Brüchen übergehen. In Figur 29 sind drei Bäume gezeichnet, ein großer, ein mittlerer und ein kleiner. Der große Baum ist doppelt so hoch als der mittlere und der mittlere doppelt so hoch als der kleine. Der große Baum ist somit $2 \times 2 = 4$ mal so hoch als der kleine.

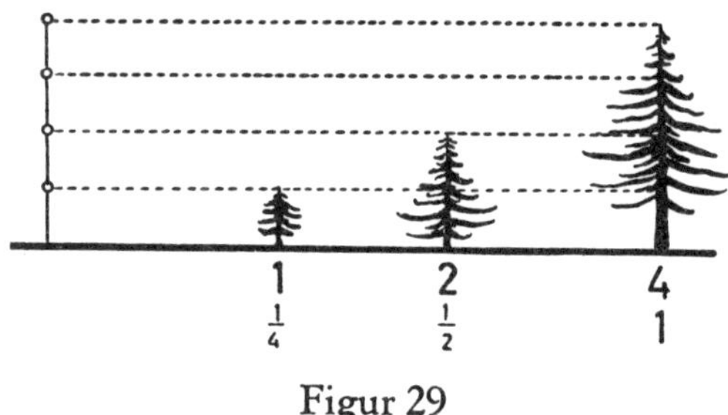

Figur 29

Der kleine Baum ist $\frac{1}{2}$ mal so hoch als der mittlere und der mittlere $\frac{1}{2}$ mal so hoch als der große; der kleine Baum ist $\frac{1}{2} \times \frac{1}{2} = \frac{1}{4}$ mal so hoch als der große. Zu der Multiplikation $2 \times 2 = 4$ gesellt sich somit die zweite: $\frac{1}{2} \times \frac{1}{2} = \frac{1}{4}$

In Figur 30 sind nochmals 3 Bäume gezeichnet. Der große Baum ist doppelt so hoch als der mittlere und der mittlere dreimal so hoch als der kleine. Der große Baum ist somit $2 \times 3 = 6$ mal so hoch als der kleine. Der mittlere Baum ist $\frac{1}{2}$ mal so hoch als der große und der

---

sind aber zugleich Divisor und Rest der 1. Division. Ein gemeinsamer Faktor (6) derselben ist Faktor der rechten Seite der Gleichung der 1. Division und muß daher auch Faktor ihrer linken sein. (96). Damit ist die 6 auch gemeinsamer Faktor von 96 und 42. Daß er auch ihr *größter* gemeinsamer Faktor ist, läßt sich aus einer Umstellung der Divisionsgleichungen ableiten:

1. Division ergibt: $96 - 42 \times 2 = 12$
2. Division ergibt: $42 - 12 \times 3 = 6$
3. Division ergibt: $12 - 6 \times 2 = 0$

Jeder gemeinsame Faktor von 96 und 42 ist Faktor der linken Seite der Gleichung der 1. Division und muß daher auch Faktor ihrer rechten Seite sein. Nach der 2. Divisionsgleichung ist jeder gemeinsame Faktor von 42 und 12 ein Faktor der linken Seite der Gleichung, muß also auch ein Faktor der rechten Seite sein (6). 6 ist der letzte Rest der Kettendivision; er enthält jeden gemeinsamen Faktor von 96 und 42. Da er im ersten Dividend und Divisor enthalten ist, also keine anderen als gemeinsame Faktoren von Dividend und Divisor enthält, muß er ihr größter gemeinsamer Faktor sein.

kleine $\frac{1}{3}$ mal so hoch als der mittlere; der kleine Baum ist somit $\frac{1}{2} \times \frac{1}{3} = \frac{1}{6}$ mal so hoch als der große. Wieder gesellt sich zur Multiplikation $2 \times 3 = 6$ die zweite: $\frac{1}{2} \times \frac{1}{3} = \frac{1}{6}$

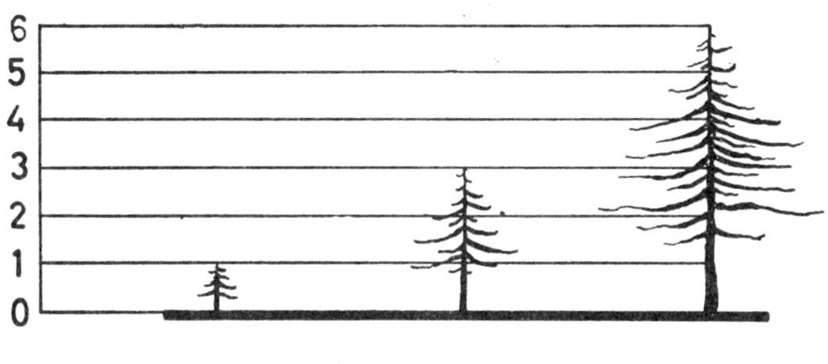

Figur 30

In Figur 31 ist der große Baum $\frac{4}{3}$ mal so hoch als der mittlere und der mittlere $\frac{3}{2}$ mal so hoch als der kleine. Der große Baum ist somit $\frac{4}{3} \times \frac{3}{2} = \frac{4 \times 3}{3 \times 2} = 2$ mal so hoch als der kleine. Der mittlere Baum ist $\frac{3}{4}$ mal so hoch als der große und der kleine $\frac{2}{3}$ mal so hoch als der mittlere. Der kleine Baum ist daher $\frac{3}{4} \times \frac{2}{3} = \frac{3 \times 2}{4 \times 3} = \frac{1}{2}$ mal so hoch als der große.

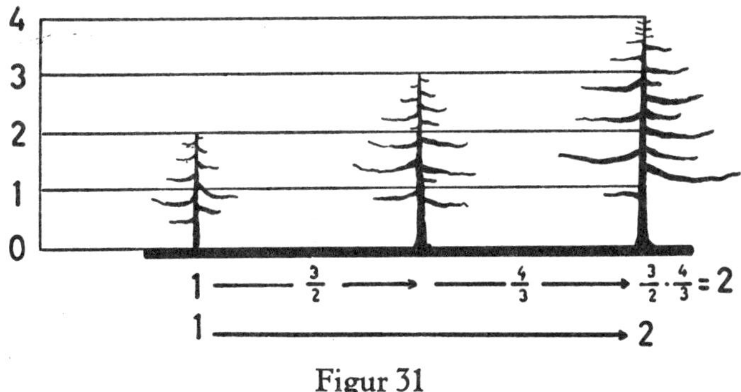

Figur 31

Beim Multiplizieren $\frac{4}{3} \times \frac{3}{2}$ werden Zähler mit Zähler und Nenner mit Nenner multipliziert. Ein Multiplizieren mit $\frac{3}{2}$ macht 3 mal so groß und 2 mal so klein.

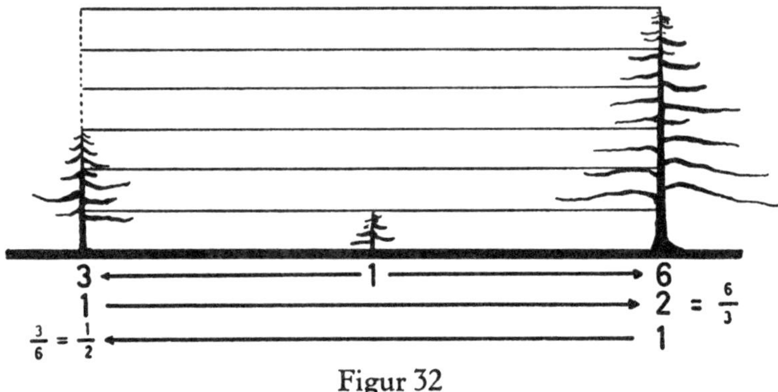

Figur 32

In Figur 32 ist der mittelgroße Baum (links) 3 mal so hoch als der kleine, und der große 6 mal so hoch als der kleine. Es ist der große $\frac{6}{3} = 2$ mal so hoch als der mittelgroße und umgekehrt der mittelgroße $\frac{3}{6} = \frac{1}{2}$ mal so hoch als der große.

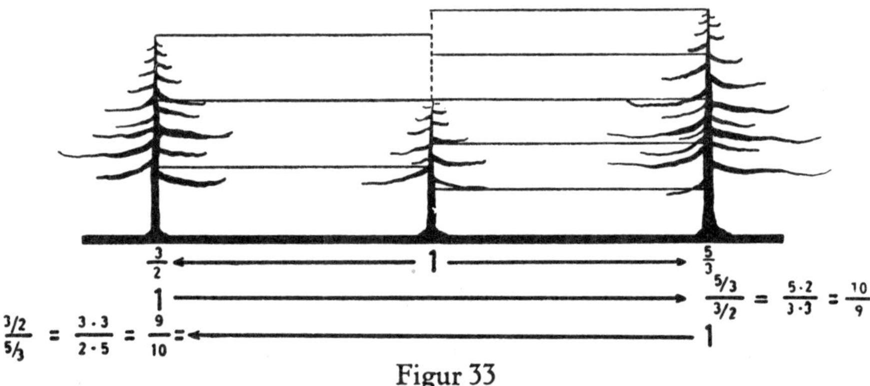

Figur 33

In Figur 33 sind abermals drei Bäume gezeichnet. Der mittelgroße (links) ist $\frac{3}{2}$ mal so hoch als der kleine und der große $\frac{5}{3}$-mal so hoch als der kleine. Der große ist $\frac{\frac{5}{3}}{\frac{3}{2}}$ mal so hoch als der mittelgroße. Multipliziert man im Gesamtbruch oben und unten mit 2 und 3, so erhält man:

$$\frac{\frac{5}{3} \times 2 \times 3}{\frac{3}{2} \times 2 \times 3} = \frac{\frac{5 \times 2 \times 3}{3}}{\frac{3 \times 2 \times 3}{2}} = \frac{5 \times 2}{3 \times 3} = \frac{10}{9}$$

Umgekehrt ist der mittelgroße Baum $\frac{3}{2}$ und der große $\frac{5}{3}$ mal so hoch als der kleine; so ist der mittelgroße $\frac{\frac{3}{2}}{\frac{5}{3}}$ mal so hoch als der große. Multipliziert man im Hauptbruch oben und unten mit 2 und mit 3, so ergibt sich:

$$\frac{\frac{3}{2} \times 2 \times 3}{\frac{5}{3} \times 2 \times 3} = \frac{\frac{3 \times 2 \times 3}{2}}{\frac{5 \times 2 \times 3}{3}} = \frac{3 \times 3}{5 \times 2} = \frac{9}{10}$$

Das erste Ergebnis $\frac{10}{9}$ ergibt sich aus den Zahlen $\frac{5}{3}$ und $\frac{3}{2}$, indem man $\frac{5 \times 2}{3 \times 3}$ multipliziert, das zweite aus den Zahlen $\frac{3}{2}$ und $\frac{5}{3}$, indem man ebenso $\frac{3 \times 3}{5 \times 2}$ multipliziert. Der vorangehende Bruch erscheint jeweils in aufrechter, der zweite in verkehrter Stellung, in reziprokem Werte. Beim Dividieren durch $\frac{5}{3}$ z. B. wird so der erste Bruch 5 mal so klein und 3 mal so groß. Man gelangt daher zu der Regel: Ein Bruch wird durch einen Bruch dividiert, indem man den ersten Bruch mit dem reziproken Wert des zweiten multipliziert.

Die Operation, einen Bruch oben und unten mit derselben Zahl zu multiplizieren, wird als das Erweitern eines Bruches bezeichnet. Es stellt das Gegenteil des Kürzens dar. Jeder Bruch kann mit jeder beliebigen Zahl und mit beliebig vielen Zahlen erweitert werden, während man immer nur mit bestimmten Zahlen kürzen kann, oft auch gar nicht.

Beispiele des Erweiterns von $\frac{1}{2}$ mit verschiedenen Zahlen sind:

$$\frac{1}{2} = \frac{1 \times 2}{2 \times 2} = \frac{2}{4} \qquad \frac{1}{2} = \frac{1 \times 3}{2 \times 3} = \frac{3}{6} \qquad \frac{1}{2} = \frac{1 \times 4}{2 \times 4} = \frac{4}{8}$$

$$\frac{1}{2} = \frac{1 \times 12}{2 \times 12} = \frac{12}{24} \qquad \frac{1}{2} = \frac{1 \times 100}{2 \times 100} = \frac{100}{200} \qquad \frac{1}{2} = \frac{1 \times 1700}{2 \times 1700} = \frac{1700}{3400}$$

Das Erweitern gibt die Möglichkeit, Brüche von verschiedenen Nennern auf ein und denselben Nenner zu bringen. Ebensowenig, wie man 3 Birnen und 4 Äpfel addieren kann, oder sonst verschieden benannte Gegenstände, kann man Brüche verschiedener Nenner als solche addieren. Man erweitert sie zuerst, bis sie gleiche Nenner bekommen. Um dabei ihre Zähler und Nenner nicht mehr zu vergrößern als nötig ist, sucht man nach der niedrigsten Zahl, die von allen Nennern durch Multiplizieren erreicht werden kann. Man nennt sie das kleinste gemeinsame Vielfache. In vielen Fällen läßt sich das kleinste gemeinsame Vielfache unmittelbar angeben:

Es ist 6 für die Nenner 2 und 3, daher

$$\frac{1}{2} + \frac{5}{3} = \frac{1 \times 3}{2 \times 3} + \frac{5 \times 2}{3 \times 2} = \frac{3}{6} + \frac{10}{6} = \frac{13}{6} = 2\frac{1}{6}$$

es ist 10 für die Nenner 5 und 10, daher

$$\frac{3}{5} + \frac{1}{10} = \frac{3 \times 2}{5 \times 2} + \frac{1}{10} = \frac{6}{10} + \frac{1}{10} = \frac{7}{10}$$

Durch Zerlegen in Primfaktoren läßt es sich stets berechnen. Für das Addieren der Brüche:

$$\frac{1}{2} + \frac{1}{8} + \frac{1}{9} + \frac{1}{12} + \frac{1}{15} + \frac{1}{10} + \frac{1}{72} = ?$$

erhält man als Primfaktorenzerlegung der Nenner:

2	2	8	2	9	3	12	2	15	3	10	2	72	2
		4	2	3	3	6	2	5	5	5	5	36	2
		2	2			3	3					18	2
												9	3
												3	3

Das kleinste gemeinsame Vielfache ist: $2 \times 2 \times 2 \times 3 \times 3 \times 5 = 360$. Es enthält jeden der vorkommenden Primfaktoren in seiner höchst auftretenden Anzahl, so daß die gesamten Primfaktoren jedes Nenners darin enthalten sind. Das Addieren der Brüche wird nun wie folgt vorgenommen:

$$\frac{1}{2} = \frac{1\times2\times2\times3\times3\times5}{2\times2\times2\times3\times3\times5} = \frac{180}{360}$$

$$\frac{1}{8} = \frac{1\times3\times3\times5}{8\times3\times3\times5} = \frac{45}{360}$$

$$\frac{1}{9} = \frac{1\times2\times2\times2\times5}{9\times2\times2\times2\times5} = \frac{40}{360}$$

$$\frac{1}{12} = \frac{1\times2\times3\times5}{12\times2\times3\times5} = \frac{30}{360}$$

$$\frac{1}{15} = \frac{1\times2\times2\times2\times3}{15\times2\times2\times2\times3} = \frac{24}{360}$$

$$\frac{1}{10} = \frac{1\times2\times2\times3\times3}{10\times2\times2\times3\times3} = \frac{36}{360}$$

$$\frac{1}{72} = \frac{1\times5}{72\times5} = \frac{5}{360}$$

Addieren der Zähler bei gemeinsamem Nenner:

180
45
40
30
24
36
5
———
360

Das Resultat ist:

$$\frac{360}{360} = 1$$

Die Primfaktorenzerlegungen lassen sich auch in eine einzige Rechnung zusammenfassen. Man schreibt alle Nenner nebeneinander, zieht darunter einen Strich und dann einen zweiten vertikalen Strich rechts daneben. Nun schreibt man den niedrigsten Primfaktor, welcher in mindestens zwei Nennern vorkommt, rechts neben den Strich. Unter jedem der Nenner schreibt man an, was von ihm übrig bleibt, wenn man ihn durch den herausgehobenen Faktor dividiert. Jene Nenner, in denen der Faktor nicht enthalten ist, werden unverändert heruntergesetzt:

2	8	9	12	15	10	72	2
1	4	9	6	15	5	36	2
1	2	9	3	15	5	18	2
1	1	9	3	15	5	9	3
1	1	3	1	5	5	3	3
1	1	1	1	5	5	1	5
1	1	1	1	1	1	1	

Nun setzt man den nächstniederen Primfaktor, der in mindestens zwei Zahlen enthalten ist, heraus und wiederholt das Verfahren solange, bis sich kein weiterer Faktor mehr herausheben läßt. Steht nun unter allen Nennern bereits eine 1, so ist das Produkt der herausgehobenen Faktoren das kleinste gemeinsame Vielfache. Sind jedoch unter einigen der Nenner, mindestens unter einem, noch andere Zahlen geblieben, so wird das Produkt der herausgehobenen Faktoren noch mit jeder dieser Zahlen multipliziert,

z. B.

$$\frac{2}{3} + \frac{5}{12} + \frac{3}{16} + \frac{7}{18} + \frac{1}{24} + \frac{13}{36} = ?$$

Zusammengefaßtes Aufschreiben der Nenner zur Ermittlung des kleinsten gemeinsamen Vielfachen ist:

3	12	16	18	24	36	2
3	6	8	9	12	18	2
3	3	4	9	6	9	2
3	3	2	9	3	9	3
1	1	2	3	1	3	3
1	1	2	1	1	1	

Das kleinste gemeinsame Vielfache ist: $2 \times 2 \times 2 \times 3 \times 3 \times 2 = 144$.
Die Erweiterung der Brüche ergibt:

$$\frac{2}{3} = \frac{2\times2\times2\times2\times2\times3}{3\times2\times2\times2\times2\times3} = \frac{96}{144}$$

$$\frac{5}{12} = \frac{5\times2\times2\times3}{12\times2\times2\times3} = \frac{60}{144}$$

$$\frac{3}{16} = \frac{3\times3\times3}{16\times3\times3} = \frac{27}{144}$$

$$\frac{7}{18} = \frac{7\times2\times2\times2}{18\times2\times2\times2} = \frac{56}{144}$$

$$\frac{1}{24} = \frac{1\times2\times3}{24\times2\times3} = \frac{6}{144}$$

$$\frac{13}{36} = \frac{13\times2\times2}{36\times2\times2} = \frac{52}{144}$$

und das Addieren der Brüche:

$$\frac{96}{144}+\frac{60}{144}+\frac{27}{144}+\frac{56}{144}+\frac{6}{144}+\frac{52}{144}=\frac{297}{144}=2\frac{9}{144}=2\frac{1}{16}$$

Beim Subtrahieren von Brüchen oder kombiniertem Addieren und Subtrahieren wird in analoger Weise verfahren:

$$\frac{6}{15}-\frac{2}{10}+\frac{7}{20}-\frac{1}{16}-\frac{11}{30}=?$$

15	10	20	16	30	2
15	5	10	8	15	2
15	5	5	4	15	3
5	5	5	4	5	5
1	1	1	4	1	

Kleinstes gemeinsames Vielfaches:

$$2\times 2\times 3\times 5\times 4=2\times 2\times 2\times 2\times 3\times 5=240$$

Erweitern der Brüche:

$$\frac{6}{15}=\frac{6\times2\times2\times2\times2}{15\times2\times2\times2\times2}=\frac{96}{240}$$

$$\frac{2}{10}=\frac{2\times2\times2\times2\times3}{10\times2\times2\times2\times3}=\frac{48}{240}$$

$$\frac{7}{20}=\frac{7\times2\times2\times3}{20\times2\times2\times3}=\frac{84}{240}$$

$$\frac{1}{16}=\frac{1\times3\times5}{16\times3\times5}=\frac{15}{240}$$

$$\frac{11}{30}=\frac{11\times2\times2\times2}{30\times2\times2\times2}=\frac{88}{240}$$

Addieren und Subtrahieren der Brüche:

$$\frac{96}{240} - \frac{48}{240} + \frac{84}{240} - \frac{15}{240} - \frac{88}{240} = \frac{180}{240} - \frac{151}{240} = \frac{29}{240}$$

Eine besondere Art von Brüchen stellen die sogenannten Kettenbrüche dar. Es gibt z. B. Kettenbrüche, welche nur die Ziffer 1 enthalten:

$$\cfrac{1}{1 + \cfrac{1}{1 + \cfrac{1}{1 + \cfrac{1}{1 + \cfrac{1}{1 + \cfrac{1}{1}}}}}}$$

Man berechnet den Kettenbruch von unten nach oben. Unter dem untersten Bruchstrich steht nur 1, unter dem zweituntersten Bruchstrich steht:

$$1 + \frac{1}{1} = 1 + 1 = 2$$

Unter dem drittuntersten Bruchstrich steht:

$$1 + \cfrac{1}{1 + \cfrac{1}{1}} = 1 + \frac{1}{2} = \frac{3}{2}$$

und unter dem viertuntersten:

$$1 + \cfrac{1}{1 + \cfrac{1}{1 + \cfrac{1}{1}}} = 1 + \cfrac{1}{\cfrac{3}{2}} = 1 + \frac{2}{3} = \frac{5}{3}$$

unter dem fünftuntersten Bruchstrich:

$$1 + \cfrac{1}{1 + \cfrac{1}{1 + \cfrac{1}{1 + \cfrac{1}{1}}}} = 1 + \cfrac{1}{\cfrac{5}{3}} = 1 + \frac{3}{5} = \frac{8}{5}$$

und unter dem obersten Bruchstrich:

$$1+\cfrac{1}{1+\cfrac{1}{1+\cfrac{1}{1+\cfrac{1}{1+\frac{1}{1}}}}}=1+\cfrac{1}{\frac{8}{5}}=1+\frac{5}{8}=\frac{13}{8}$$

Somit hat der gesamte Kettenbruch den Wert:

$$\cfrac{1}{\frac{13}{8}}=\frac{8}{13}$$

Er gibt, je weiter er in derselben Weise fortgeführt wird, umso genauer den Wert der Zahl des goldenen Schnittes: G = 0,61803398875 ... wieder.

Andere bedeutende Zahlenwerte der Mathematik lassen sich auch in Form von Kettenbrüchen mit regelmäßigem Aufbau ausdrücken. So ist:

$$\pi=4\times\cfrac{1}{1+\cfrac{1^2}{2+\cfrac{3^2}{2+\cfrac{5^2}{2+\cfrac{7^2}{2+\cfrac{9^2}{2\ldots}}}}}}$$

und

$$e=1+1+\cfrac{1}{1+\cfrac{1}{2+\cfrac{1}{1+\cfrac{1}{1+\cfrac{1}{4+\cfrac{1}{1+\cfrac{1}{1+\cfrac{1}{8\ldots}}}}}}}}$$

Dezimalbrüche

Während das Bruchrechnen bis weit ins Altertum zurückreicht, hat man Dezimalbrüche nicht weiter zurückgehend als bis ins 16. Jahrhundert. Das älteste Auftreten von Dezimalbrüchen findet sich in einer Sammlung von Rechenaufgaben von Christoph Rudolff, die im Jahre 1530 in Augsburg erschienen ist. Die älteste systematische Behandlung des Rechnens mit Dezimalbrüchen stammt von dem holländischen Mathematiker Simon Stevin (1548—1620). Im Waldorfschul-Lehrplan ist das Bruchrechnen im vierten und das Rechnen mit Dezimalbrüchen im fünften Schuljahr angesetzt.

Dezimalbrüche erhält man, indem man das Dividieren zweier Zahlen über die Einer hinaus fortsetzt und dann Nullen zu den Resten herabsetzt:

```
2546 : 7 = 363,714285...
21
 44
 42
  26
  21
   50
   49
    10
     7
    30
    28
     20
     14
      60
      56
       40
       35
        5
       ...
```

Im angeführten Beispiel sind die Reste: 4; 2; 5; 1; 3; 2; 6; 4; 5 . . ., der nächstfolgende Rest wäre dann 1, und dann folgen wieder: 3; 2; 6; 4; 5. Sie stellen eine Reihe dar, die sich im Weiteren rhythmisch wiederholt. Bei einer Division durch 7 können als Reste nur Zahlen von 1 bis 6 auftreten; sobald die Nullen herabgesetzt werden, muß nach längstens

6 Schritten ein Wiederholen der Reste einsetzen. Allgemein muß in Divisionen mit herabgesetzten Nullen ein rhythmisches Wiederholen der Reste einsetzen. Die Anzahl der sich wiederholenden Reste (Periode) ist höchstens um 1 geringer als der Divisor. Drückt man die einfachsten Brüche als Dezimalbrüche aus, so erhält man:

$$\frac{1}{2} = 0{,}5$$

$$\frac{1}{3} = 0{,}33333\overline{3}\ldots$$

$$\frac{1}{4} = 0{,}25$$

$$\frac{1}{5} = 0{,}2$$

$$\frac{1}{6} = 0{,}16666\overline{6}\ldots$$

$$\frac{1}{7} = 0{,}\overline{142857}\ldots$$

$$\frac{1}{8} = 0{,}125$$

$$\frac{1}{9} = 0{,}11111\overline{1}\ldots$$

$$\frac{1}{10} = 0{,}1$$

$$\frac{1}{11} = 0{,}0909\overline{09}\ldots$$

$$\frac{1}{12} = 0{,}0833\overline{3}\ldots$$

$$\frac{1}{13} = 0{,}\overline{076923}\ldots$$

$$\frac{1}{14} = 0{,}0\overline{714285}\ldots$$

$$\frac{1}{15} = 0{,}0666\overline{6}\ldots$$

....

Hinter jene Dezimalbrüche, deren Ziffernfolgen nicht abgeschlossen sind, wurden einige Punkte gesetzt. Außerdem ist noch ein waagrechter Strich über der ersten bis letzten Ziffer einer Periode gesetzt; enthält diese nur eine Ziffer, so steht der Strich nur über dieser.

Bei den Dezimalbrüchen, hinter denen keine Punkte stehen, geht die Division auf. Dies trifft für die Dezimalbrüche aus folgenden Brüchen zu:

$$\frac{1}{2} \quad \frac{1}{4} \quad \frac{1}{5} \quad \frac{1}{8} \quad \frac{1}{10}$$

Würde man die Reihe der Dezimalbrüche fortsetzen, so kämen als nächste hinzu:

$$\frac{1}{16} \quad \frac{1}{20} \quad \frac{1}{25} \quad \frac{1}{32} \quad \frac{1}{40} \quad \frac{1}{50} \quad \frac{1}{64} \ldots$$

Alle diese Brüche haben Nenner, die nur Faktoren von 2 und 5 enthalten. Da sich jeder aufgehende Dezimalbruch durch Multiplizieren mit Faktoren von 10 in eine ganze Zahl verwandeln läßt, muß auch der ihm entsprechende Bruch durch Multiplizieren mit diesen Faktoren von 10 zu einer ganzen Zahl werden, also sein Nenner damit wegkürzbar sein. Das ist aber nur dann möglich, wenn ein Nenner bloß Faktoren von 2 und 5 enthält, z. B.: $\frac{1}{8} = 0{,}125$

$$0{,}125 \times 1000 = 125; \quad \frac{1}{8} \times 1000 = \frac{2 \times 2 \times 2 \times 5 \times 5 \times 5}{8} = 5 \times 5 \times 5 = 125$$

Es läßt sich auch vorher sagen, wieviel Dezimalstellen ein bestimmter Bruch haben wird, z. B.: $\frac{11}{16} = \frac{11}{2 \times 2 \times 2 \times 2}$

Hat der Nenner 4 Faktoren von 2, dann braucht man vier Faktoren von 10, um den Nenner wegzukürzen. Der Dezimalbruch wird somit vier Stellen hinter dem Komma haben: $\frac{11}{16} = 0{,}6875$

Weitere Beispiele sind:

$\frac{84}{125} = \frac{84}{5 \times 5 \times 5}$ muß 3 Dezimalen haben: $\frac{84}{125} = 0{,}672$

$\frac{231}{400} = \frac{231}{2 \times 2 \times 2 \times 2 \times 5 \times 5}$ muß 4 Dezimalen haben: $\frac{231}{400} = 0{,}5775$

$\frac{307}{500} = \frac{307}{2 \times 2 \times 5 \times 5 \times 5}$ muß 3 Dezimalen haben: $\frac{307}{500} = 0{,}614$

Im ersten Beispiel braucht man 3 Faktoren von 10, um den Nenner wegzukürzen, im zweiten 4 Faktoren von 10 und im dritten 3 Faktoren von 10. Die höchste Anzahl gleicher Faktoren von 2 oder 5 im Nenner gibt die Anzahl der notwendigen Faktoren von 10 an und damit auch die Anzahl der Dezimalen. Die Zahl des Zählers hat darauf keinen Einfluß.

In der Reihe der Dezimalbrüche von $\frac{1}{2}$ bis $\frac{1}{15}$ hat jeder dritte, jeder, dessen Nenner den Faktor 3 enthält, eine endlose Dezimalenfolge, in der sich eine einzige Ziffer wiederholt, eine einstellige Periode auftritt. Es kommt unter den Brüchen auch ein Dezimalbruch mit einer zweistelligen Periode vor: $\frac{1}{11} = 0{,}09\,09\overline{0\,9}\ldots$

Ein Bruch mit einer dreistelligen Periode ist unter ihnen nicht vorhanden. Der erste solche Bruch ist: $\frac{1}{37} = 0{,}02\,7\overline{02\,7}\ldots$

Ein Bruch mit einer vierstelligen Periode ist in der Reihe auch nicht vorhanden, und um einen solchen anzutreffen, müßte man bis zu:

$$\frac{1}{101} = 0{,}00\,99\overline{0\,099}\ldots$$

weitergehen. Der erste Bruch mit einer fünfstelligen Periode ist:

$$\frac{1}{41} = 0{,}02\,439\,\overline{024\,39}\ldots$$

Eine sechsstellige Periode kommt wieder unter der Reihe der Brüche von $\frac{1}{2}$ bis $\frac{1}{15}$ vor und zwar dreimal:

$$\frac{1}{7} = 0{,}142857\overline{142857}\ldots$$
$$\frac{1}{13} = 0{,}076923\overline{076923}\ldots$$
$$\frac{1}{14} = 0{,}0714285\overline{714285}\ldots$$

Für die erste siebenstellige Periode muß man bis zu:

$$\frac{1}{239} = 0{,}0041841\overline{0041841}\ldots$$

weitergehen, während man eine achtstellige Periode bei:

$$\frac{1}{73} = 0{,}01369863\overline{01369863}\ldots$$

erhält. Die erste neunstellige Periode stellt sich aber erst bei:

$$\frac{1}{333667} = 0{,}000002997\overline{000002997}\ldots$$

ein.

Weitere Untersuchungen über Dezimalbrüche lassen sich mit der folgenden Reihe vornehmen:

$$\frac{1}{7} = 0{,}142857\overline{142857}\ldots$$

$$\frac{2}{7} = 0{,}285714\overline{285714}\ldots$$

$$\frac{3}{7} = 0{,}428571\overline{428571}\ldots$$

$$\frac{4}{7} = 0{,}571428\overline{571428}\ldots$$

$$\frac{5}{7} = 0{,}714285\overline{714285}\ldots$$

$$\frac{6}{7} = 0{,}857142\overline{857142}\ldots$$

Die Perioden sind sechsstellig. Alle Perioden enthalten die Ziffern: 1; 2; 4; 5; 7; 8; es fehlen somit die Ziffern 0; 3; 6 und 9. Ferner kommt in allen Ziffernfolgen auf 1 stets 4, auf 4 stets 2, auf 2 stets 8, auf 8 stets 5, auf 5 stets 7 und auf 7 stets 1. Die ersten Ziffern nach dem Komma sind in den aufeinanderfolgenden Brüchen für: $\frac{1}{7}, \frac{2}{7}, \frac{3}{7} \ldots$ 1; 2; 4; 5; 7; 8, also ansteigend.

Was die Dezimalbrüche gegenüber den übrigen Brüchen auszeichnet, ist die Möglichkeit, ihre Größenordnung sogleich entscheiden zu können. Während es sich nicht unmittelbar angeben läßt, welcher der größere der beiden Brüche

$$\frac{5}{13} \text{ und } \frac{12}{29}$$

ist, wird dies sofort klar, wenn man die Brüche als Dezimalbrüche anschreibt:

$$\frac{5}{13} = 0{,}38\,461 \ldots \qquad \frac{12}{29} = 0{,}41\,379 \ldots$$

Weitere Übungen ergeben sich aus Überlegungen, die sich an Primzahlzerlegungen anschließen. Für die Zahl 28 erhält man die Primfaktoren:

28	2
14	2
7	7

und aus ihnen die Zahlen, welche in 28 enthalten sind. Außer 28 selbst sind es:

1 2 4 7 14

Ihre Summe ist 28, die Ausgangszahl selbst. Eine Zahl, die dabei wieder zu sich selbst zurückführt, wird eine vollkommene Zahl genannt. Die niedrigste vollkommene Zahl ist 6, in der die Zahlen 1; 2; 3 enthalten sind, und deren Summe $1 + 2 + 3 = 6$ zu ihr selbst zurückführt. Die nächst höhere vollkommene Zahl nach 28 ist schon 496. Ihre Primzahlzerlegung ist:

496	2
248	2
124	2
62	2
31	31

Die in 496 enthaltenen Zahlen sind:

1 2 4 8 16 31 62 124 248

und ihre Summe beträgt 496. Im ganzen kennt man bis heute 30 vollkommene Zahlen. Die größte ist:

$$170\ 141\ 183\ 460\ 469\ 231\ 731\ 687\ 303\ 715\ 884\ 105\ 727 \times 2^{136},$$

in welcher der letzte Faktor, 2 zur 136. Potenz, allein schon eine enorm hohe Zahl ausmacht. An der Höhe dieser Zahl läßt sich ermessen, wieviel Mühe zu ihrer Auffindung nötig war.

Bei den übrigen Zahlen, neben den vollkommenen, ist die Summe ihrer Teiler entweder größer oder kleiner als die gegebene Zahl. Es gibt Zahlen, deren Teilersummen genau ihr Doppeltes betragen, wie z. B. 120 oder 672 oder 523000. Es gibt Zahlen, deren Teilersummen ihr Dreifaches erreichen, z. B.: 3 0 2 4 0 und 3 2 7 6 0. Auch höhere Vielfache kommen vor. Primzahlen und Zahlen mit geringer Teilbarkeit haben relativ niederere Teilersummen. Für jede Zahl läßt sich eine Dezimalzahl ausrechnen, die angibt, welches Vielfache des eigenen Wertes ihre Teilersumme ausmacht. Dann kann man danach suchen, welchen Zahlen innerhalb eines bestimmten Zahlenraumes die größten dieser Dezimalzahlen zukommen. Im Zahlenraum von 1 bis 20 ist es 12. Ihre Primzahlenzerlegung ist:

12	2
6	2
3	3

Ihre Teiler sind 1; 2; 3; 4; 6 und deren Summe ist 16. Die Dezimalzahl für $\frac{16}{12}$ beträgt 1,333 ... Andere Zahlen, bei denen die Dezimalbrüche in ihre Nähe kommen, sind 18 und 20:

18	2	Teiler: 1; 2; 3; 6; 9		20	2	Teiler: 1; 2; 4; 5; 10
9	3	Summe: 21		10	2	Summe: 22
3	3	Dezimalbruch: $\frac{21}{18} = 1{,}166...$		5	5	Dezimalbruch: $\frac{22}{20} = 1{,}1$

Bei den meisten Zahlen bis 20 bleiben die Dezimalbrüche jedoch unter 1, selbst z. B. bei 16:

16	2	Teiler:	1; 2; 4; 8
8	2	Summe:	15
4	2	Dezimalbruch:	$\frac{15}{16} = 0{,}937$
2	2		

Den höchsten Dezimalbruch als Verhältnis der Teilersumme zur Ausgangszahl erhält man im Zahlenbereich bis 100 für die Zahl 60 (1,8). Im Zahlenraum bis 500 erhält man ihn für 360 (2,25). Diese Zahlen sind diejenigen, die in den Maßen verwendet sind (12 auf der Uhr, 60 Sekunden in der Minute, 60 Minuten in der Stunde, 360 Grad im Kreis usw.).

Pythagoras wurde einmal von einem Schüler gefragt, welches die beste Grundlage für eine Freundschaft sei, einschließlich jener Freundschaft, die zur Heirat führt. Pythagoras antwortete, die Freundschaft sei die beste, die sich verhielte wie die Zahlen 220 und 284. Ihre Primzahlzerlegungen sind:

220	2	284	2
110	2	142	2
55	5	71	71
11	11		

Die Teiler von 220 sind 1; 2; 4; 5; 10; 11; 20; 22; 44; 55; 110 und ihre Summe ist 284. Die Teiler von 284 sind: 1; 2; 4; 71; 142 und ihre Summe ist 220. Von den beiden Zahlen, die Pythagoras nannte, ist also jede die Summe der Teiler der anderen. Dieselben Zahlen, welche 220 als ihre Summe, also additiv aufbauen, sind die Teiler von 284, führen also multiplikativ zu 284 und jene Zahlen, welche 284 additiv aufbauen, führen multiplikativ zu 220. Da Addieren ein Aneinanderfügen von Größen und Multiplizieren ein wiederholtes Auftreten des bereits Vorhandenen darstellt, das Addieren also ein Anwachsen von außen, Multiplizieren ein Anwachsen von innen bedeutet, so läßt sich die Antwort von Pythagoras etwa in folgender Form ausdrücken. Jene Freundschaft ist die beste, welche so geartet ist, daß die Werte, welche der eine Partner mehr als innere Eigenschaften an sich hat, im andern in einer mehr nach außen gerichteten Form vorhanden sind und umgekehrt. Damit ist allerdings eine sehr bestimmte und tiefgründige Antwort gegeben. Vom mathematischen Standpunkt gesellt sich dazu noch die Frage, ob solche „Zahlenpaare der Freundschaft" häufig sind. Sie sind sehr selten. Im ganzen Altertum hatte man kein zweites Paar gefunden. Erst der große französische Mathematiker Fermat fand das zweite Paar im Jahre 1636. Es ist 17296 und 18416. Zwei Jahre später fand Descartes das dritte Paar: 9363584 und 9437056. Im folgenden Jahrhundert erweiterte Leonhard Euler (1707—1783) die Liste der Zahlenpaare der Freundschaft auf über 60, und nach der letzten diesbezüglichen Veröffentlichung in Scipta Mathematica New York von E. B. Escott ist der gegenwärtige Stand 390 Paare. Die Forschungsarbeit der großen Mathematiker ging dabei bestimmten Zahlengesetzmäßigkeiten nach, und so war es möglich, daß 1866 ein 16jähriger italienischer Junge, Nicolo Paganini, das zweitniedrigste Zahlenpaar fand: 1184 und 1210.

Zur Einführung in die Algebra

Da man mit der Einführung in die Algebra den Schritt vom Handhaben des Rechnens zur Betrachtung der Rechenprozesse vornimmt, wird man an bestimmte Rechnungen anknüpfen und von ihnen zu allgemein gültigen Zusammenhängen fortschreiten. Man läßt z. B. eine lange Multiplikation ausführen:

```
    432516 × 71342
    ------
    865032
   1730064
  1297548
  432516
3027612
-----------
30856556472
```

und dann anschließend:

```
      71342 × 432516
      -----
     428052
     71342
   356710
  142684
 214026
285368
-----------
30856556472
```

In der zweiten Multiplikation sind die Faktoren der ersten vertauscht. Die Teilprodukte sind in ihr verschieden, was schon daraus hervorgeht, daß die erste Multiplikation 5 Teilprodukte hat und die zweite 6. Je länger die gewählten Multiplikationen sind, um so überraschender ist die Übereinstimmung der Resultate. Nun kann man die Schüler auffordern, diesen Sachverhalt in einem möglichst kurzen Satz zusammenzufassen. So kommt man z. B. zu dem Satz: Beim Multiplizieren zweier noch so großer Zahlen gelangt man stets zu demselben Resultat, wenn man die beiden Zahlen vertauscht und erneut miteinander multipliziert. Unter Verwendung des Ausdrucks „Faktoren" läßt sich der Satz noch bis auf 3 Worte verkürzen: Faktoren sind vertauschbar. Aber auch er bleibt in seiner Kürze noch weit hinter dem zurück, was sich mit der folgenden Aufschreibung erreichen läßt:

$$a \times b = b \times a$$

In ihr ist zum Ausdruck gebracht, daß es sich um zweifaches Multiplizieren handelt, um Multiplizieren von zwei Zahlen, daß die Faktoren vertauscht werden und daß in beiden Fällen dasselbe Ergebnis herauskommt. In derselben mathematischen Kurzschrift läßt sich dann auch aufschreiben:

$$a \times b \times c = c \times b \times a$$

oder für das Addieren:

$$a + b = b + a \text{ usw.}$$

Auch das Verfahren des Addierens von Brüchen läßt sich in dieser Weise aufschreiben. Man geht dazu wieder von einer bestimmten Addition aus:

$$\frac{2}{3} + \frac{5}{4}$$

und führt die Addition durch Erweitern der Brüche auf gemeinsamen Nenner aus:

$$\frac{2}{3} + \frac{5}{4} = \frac{2 \times 4}{3 \times 4} + \frac{5 \times 3}{4 \times 3} = \frac{8}{12} + \frac{15}{12} = \frac{23}{12}$$

Die Zahl, mit welcher Zähler und Nenner des ersten Bruches multipliziert werden, ist der Nenner des zweiten Bruches und jene, mit welcher Zähler und Nenner des zweiten Bruches multipliziert werden, der Nenner des ersten. Für den Prozeß im allgemeinen ergibt sich daher:

$$\frac{a}{b} + \frac{c}{d} = \frac{a \times d}{b \times d} + \frac{c \times b}{d \times b}$$

Nun kann man eine Reihe von Rechenoperationen in entsprechender algebraischer Aufschreibung durchgehen.

Multipliziert man $11 \times 11 = 121$ und frägt, wie die beiden Teile von 11, die Zehn und die Eins, in das Resultat eingehen, so erkennt man, daß die 100 in 121 aus 10×10 entstanden ist, die 1 in 121 aus 1×1 und die 20 durch doppeltes Multiplizieren von 10×1. Bei $12 \times 12 = 144$ ist wieder die 100 aus 10×10 und die 4 aus 2×2 entstanden und die 40 aus 2 mal 10×2, so daß man im ganzen: $(10 + 2)(10 + 2) = 10 \times 10 + 2 \times 2 + 10 \times 2 + 10 \times 2$ erhalten hat. Bei $12 \times 13 = (10 + 2)(10 + 3) = 156 = 10 \times 10 + 2 \times 3 + 10 \times 2 + 10 \times 3$ ergibt sich im Resultat $10 \times 10 = 100$ und $2 \times 3 = 6$, und die 50 kommen als 10×3 und 10×2 zustande. Ebenso ist es bei $12 \times 14 = 168 = (10 + 2)(10 + 4) = 10 \times 10 + 2 \times 4 + 10 \times 4 + 10 \times 2$, so daß sich für die Beteiligung der Teile am Ergebnis herausstellt: $(a + b)(c + d) = ac + bc + ad + bd$, oder bei gleichen Faktoren: $(a + b)(a + b) = a \times a + 2\,a \times b + b \times b = a^2 + 2\,a\,b + b^2$.

Stellt man nun auch entsprechende Betrachtungen für die Subtraktion an, so ergibt sich z. B. $8 \times 8 = (10 - 2) \times (10 - 2) = 64$. Geht man mit den Teilmultiplikationen in derselben Art vor wie vorher, so erhält man:

$$10 \times 10 = 100;\ 2 \times 2 = 4;\ 10 \times 2 = 20;\ 10 \times 2 = 20$$
$$\text{und } 100 + 4 - 20 - 20 = 64.$$

Um daraus wieder zu 64 zu gelangen, muß man die 10×10 und die 2×2 positiv und die anderen Produkte negativ nehmen. Dabei kommen mit den Zahlen 10×10 zwei Zahlen ohne Minuszeichen zusammen, und mit den Zahlen 2×2 zwei Zahlen mit Minuszeichen, und diese beiden Teilprodukte werden addiert. Mit 10×2 hat man zweimal je eine Zahl mit und eine Zahl ohne Minuszeichen, und diese Teilprodukte werden subtrahiert. Ähnliches läßt sich an einer Reihe von Multiplikationen verfolgen und dann auch dazu weitergehen, die Zahlen aus drei Teilen zusammenzusetzen:

$$(10 - 2 - 3)\ (10 - 1 - 4) = 5 \times 5 = 25$$

Teilprodukte:	10×10	10×1	10×4
	2×10	2×1	2×4
	3×10	3×1	3×4

Addiert werden miteinander:

$$\begin{aligned} 10 \times 10 &= 100 \\ 2 \times 1 &= 2 \\ 3 \times 1 &= 3 \\ 2 \times 4 &= 8 \\ 3 \times 4 &= \underline{12} \\ & \ 125 \end{aligned}$$

Subtrahiert werden miteinander:	$2 \times 10 = 20$	
	$3 \times 10 = 30$	$125 - 100 = 25$
	$10 \times 1 = 10$	
	$10 \times 4 = 40$	
	100	

Welche Teilprodukte zu addieren und welche zu subtrahieren sind, läßt sich auch hier auf dieselbe Weise entscheiden. Wenn 2 Zahlen multipliziert werden, vor denen keine Minuszeichen standen, wird das Teilprodukt addiert. Wenn zwei Zahlen multipliziert werden, vor denen bei beiden Minuszeichen standen, so werden sie auch addiert. Wenn aber zwei Zahlen multipliziert werden und nur vor einer ein Minuszeichen stand, so wird das Teilprodukt subtrahiert. Ein weiteres Beispiel:

$$(10 + 3 - 5)\ (12 + 2 - 3) = 8 \times 11 = 88$$

Teilprodukte:	10×12	10×2	10×3
	3×12	3×2	3×3
	5×12	5×2	5×3

ohne Minuszeichen:	$10 \times 12 = 120$	
	$3 \times 12 = 36$	
	$10 \times 2 = 20$	
	$3 \times 2 = 6$	
mit 2 Minuszeichen:	$5 \times 3 = 15$	
	197	
mit einem Minuszeichen:	$5 \times 12 = 60$	
	$5 \times 2 = 10$	$197 - 109 = 88$
	$10 \times 3 = 30$	
	$3 \times 3 = 9$	
	109	

Das Handhaben vom Addieren und Subtrahieren läßt sich kurz aufschreiben:

$$+ \times + = + \qquad + \times - = -$$
$$- \times - = + \qquad - \times + = -$$

Daß sich durch diese mit den Schülern entwickelten Zusammenhänge die Entscheidungen leichter handhaben lassen, wird von ihnen begrüßt werden, während die Regel „Minus mal Minus ist Plus“ als Apriori-Dictum vielfach unverständlich bleibt.

Zum Einführen von Gleichungen läßt sich der folgende Ausgangspunkt nehmen. Man sagt zu den Schülern: Ich denke mir eine Zahl. Ich nenne sie nicht, aber wenn ich zu ihr 2 hinzufüge und dann den 3. Teil nehme, so bekomme ich 4. Die Überlegung zum Auffinden der Zahl muß von rückwärts anfangen, denn man weiß ja nur, was zuletzt herauskommt. Da 4 erhalten wurde, nachdem von einer Zahl zuletzt der 3. Teil genommen worden war, muß diese vorher 12 gewesen sein. Davor wurde 2 zu einer Zahl hinzugezählt und die Zahl, die durch Hinzufügen von 2 erreicht wurde, ist 12; daher kann man vorher nur 10 gehabt haben. Um den Vorgang aufzuschreiben, setzt man für die Zahl, an die man anfänglich gedacht hat, das Zeichen x. So nimmt die Angabe die Form an:

$$\frac{x+2}{3} = 4$$

und ihre Auflösung ergab:

$$x+2 = 12$$
$$x = 10$$

Dies Aufgabe läßt sich erweitern: Ich denke mir wieder eine Zahl. Wenn ich zu ihr 2 hinzugebe, dann durch 3 teile, wieder 6 hinzugebe, durch 5 teile, dann noch 4 hinzugebe und durch 3 teile, so erhalte ich 2. Aufgeschrieben ergibt das:

$$\frac{\frac{\frac{x+2}{3} + 6}{5} + 4}{3} = 2$$

Die Auflösung fängt wieder rückwärts an. Zuletzt wurde durch 3 dividiert und man erhielt 2. Vor dem Dividieren kann man daher nur 6 gehabt haben. Also:

$$\frac{\frac{x+2}{3} + 6}{5} + 4 = 6$$

Darin wurde zuletzt 4 addiert. Die Zahl, die nach dem Hinzufügen von 4 eine 6 ergab, kann vorher nur eine 2 gewesen sein:

$$\frac{\frac{x+2}{3} + 6}{5} = 2$$

Darin wurde zuletzt durch 5 dividiert und es ergab sich 2. So muß man vorher 10 gehabt haben;

$$\frac{x+2}{3} + 6 = 10$$

Darin wurde 6 addiert, wobei 10 herauskam; also war die Zahl vorher 4:

$$\frac{x+2}{3} = 4$$

Eine Zahl, die durch 3 dividiert 4 ergibt, kann nur 12 sein; somit ist:

$$x+2 = 12$$

Vor dem Hinzugeben von 2 erhält man somit als Ausgangszahl: 10. Dabei hat man jeweils die beim Auflösen von Gleichungen charakteristischen Gegen-Operationen ausgeführt.

Eine weitere solche Aufgabe ist:

$$\frac{\frac{\frac{x+2}{3} + 5}{4} + 5}{7} = 1$$

und ihre Auflösung:

$$\frac{\frac{x+2}{3} + 5}{4} + 5 = 7 \qquad \frac{\frac{x+2}{3} + 5}{4} = 2$$

$$\frac{x+2}{3} + 5 = 8 \qquad \frac{x+2}{3} = 3 \qquad x+2 = 9 \qquad x = 7$$

Beliebig viele solcher Aufgaben lassen sich aufstellen, indem man immer wieder von einer zu suchenden Zahl ausgeht, verschiedene Operationen mit ihr durchführt und zuletzt das Resultat angibt. Nach Auflösen der Gleichung kann man dann noch die Probe machen.
Alle 4 Operationen kommen in dem folgenden Ansatz vor:

$$\left(\frac{x+1}{3}+4\right)\times 2-8=4$$

Während an einem Bruchstrich stets zu erkennen ist, was in die Division einzuschließen ist, wären beim Multiplizieren Mißverständnisse möglich. Um diese zu vermeiden, verwendet man Klammern, die zum Ausdruck bringen, daß ihr Inhalt als Ganzes zu betrachten ist, der in die Multiplikation eingeht. Die Klammer kann als umschließende Hülle aufgefaßt werden, von der zur Vereinfachung oben und unten etwas weggelassen ist. Von dem gegebenen Ansatz erhält man:

$$\left(\frac{x+1}{3}+4\right)\times 2 = 12$$

$$\frac{x+1}{3}+4 = 6$$

$$\frac{x+1}{3} = 2$$

$$x+1 = 6$$

$$x = 5$$

Zu jeder Operation wird wieder die Gegenoperation ausgeführt; 12 wird durch 2 dividiert, vom Ergebnis wird 4 subtrahiert, mit 3 wird multipliziert und 1 wird subtrahiert.

Kommen mehrere Multiplikationen vor, so muß man mehrere Male umschließende Hüllen anbringen, z. B.

$$\boxed{\boxed{\boxed{x+2}\times 2+4}\times 3-20}\times 4+2 = 42$$

Würde man jetzt nur die linken und rechten Teile der Umschließungslinien stehen lassen, so wäre nicht klar, wie sie zusammengehören. Deshalb gibt man jeder Hülle eine besondere Form:

$$\boxed{\boxed{\boxed{x+2}\times 2+4}\times 3-20}\times 4+2=42$$

von der nach dem Weglassen der oberen und unteren Teile die vereinfachte Schreibung zurück bleibt:

$$\left\{\left[(x+2)\times 2+4\right]\times 3-20\right\}\times 4+2=42$$

Für die mehrfachen Klammern hält man eine bestimmte Reihenfolge ein:

1. Runde Klammer ( )
2. Eckige Klammer [ ]
3. Einfach geschlungene Klammer { }
4. Zweifach geschlungene Klammer $\left\{\left\{\;\right\}\right\}$

usw.

Auch für die Aufgaben mit Klammern gilt, daß lange Beispiele besonders instruktiv sind.

Von Gleichungen, in denen man mit der Unbekannten beginnt, wird man allmählich auch zu solchen übergehen, bei denen die Unbekannte an verschiedenen Stellen steht und auch mehrmals vorkommt. Auch im weiteren Verlauf der Algebra wird sich empfehlen, von Zeit zu Zeit immer wieder von Zahlenbeispielen zum Prozeß überzugehen, um so erneut den charakteristischen Weg der Algebra zu durchlaufen.

Praktische Aufgaben

Das Rechnen mit praktischen Aufgaben kann geradezu zu einer Lebenskunde gestaltet werden, welche den Schülern Zugang zu verschiedenen Tatsachenbereichen eröffnet. Durch die beim Durchführen der Rechenaufgaben zu leistende Gedankenarbeit wird auch sogleich eine aktive Beziehung zu diesen Bereichen hergestellt. Es kommt bei praktischen Aufgaben einerseits auf Lebensnähe und Aktualität, andererseits auf das Aufzeigen grundlegender Zusammenhänge an.

Ein Beispiel: Man kann auf den Bau von Tunnels zu sprechen kommen und beschreiben, wie die Arbeit an beiden Tunnelenden gleichzeitig in Angriff genommen wird und sich gegen das Innere des Berges vorschiebt, bis die beiden Stollen zuletzt im Berge zusammenkommen. Wie genau muß da gemessen und gerechnet werden, daß die Achsen der beiden Tunnelvortriebe nicht aneinander vorbeigehen! Die Abweichungen, die tatsächlich bei den großen Alpentunnels aufgetreten sind, beliefen sich auf wenige Zentimeter. Das ist eine weit größere Genauigkeit, als sie mit Hilfe von Landkarten überhaupt zu erreichen wäre. Es wird dazu vorher eine besondere Vermessung zwischen den Tunnelenden über den Berg hinüber vorgenommen. Welches sind nun die längsten Tunnel der Erde? Es sind Eisenbahntunnels und Tunnels im Zusammenhang mit Wasserversorgungen (z. B. Wasserversorgung von Kalifornien) und Kraftwerken. Die längsten Eisenbahntunnel sind die Alpentunnel Europas:

Lötschbergtunnel in der Schweiz, eröffnet 1912: 14,54 km.
St. Gotthardtunnel in der Schweiz, eröffnet 1882: 14,99 km.
Appenninentunnel bei Lagaro, Italien
Strecke Bologna—Firenze, eröffnet 1934: 18,51 km.
Simplontunnel, Schweiz / Italien, eröffnet 1906: 19,73 km.

Dabei ergibt sich die Frage: Wie lange würde man zu Fuß durch diese Tunnel hindurchgehen? Rechnet man für die Tunnelwanderung 5 km in der Stunde, so ist die Zeit durch den Lötschbergtunnel: $\frac{14,54}{5} =$ 2,908 Stunden. Um den Dezimalbruch in Stunden und Minuten auszudrücken, muß man die Tausendstel in Sechzigstel verwandeln. Der

Nenner 1000 wird dafür durch 100 dividiert und mit 6 multipliziert, also wird auch der Zähler durch dieselbe Zahl (100) dividiert und mit derselben Zahl (6) multipliziert. Wir erhalten also 2 Stunden und

$$\frac{\frac{908 \times 6}{100}}{\frac{1000 \times 6}{100}} = \frac{\frac{908 \times 6}{100}}{60} \text{ Stunden} = \frac{908 \times 6}{100} = 54{,}48 \text{ Minuten.}$$

Dieselbe Überlegung ergibt für die anderen Tunnels:

St. Gotthardtunnel:	3 Stunden	0	Minuten
Appenninentunnel:	3 „	42	„
Simplontunnel:	3 „	57	„

Wie lange fahren Züge bei 65 km/st. Geschwindigkeit durch die Tunnel hindurch? Durch den Lötschbergtunnel $\frac{14{,}54 \times 60}{65} = 13$ Minuten, und entsprechend durch die anderen Tunnel:

St. Gotthardtunnel 14 Minuten, Appenninentunnel 17 Minuten und Simplontunnel 18 Minuten.

Wenn man durch einen der Tunnel fährt, und die Durchfahrtzeit mit der Uhr verfolgt, so kann man ausrechnen, wie rasch der Zug durch den Tunnel gefahren ist (mittlere Geschwindigkeit). Ist man z. B. $16\frac{1}{2}$ Minuten durch den Lötschbergtunnel gefahren, so ergibt sich:

in $16\frac{1}{2}$ Minuten	$14{,}54$ km
in 1 Minute	$\frac{14{,}54}{16{,}5}$ km
in 1 Stunde	$\frac{14{,}54 \times 60}{16{,}5}$ km

Also betrug die Geschwindigkeit des Zuges 52,87 km in der Stunde. Wieder läßt sich der Vergleich mit den anderen Tunnels anstellen.

Wäre der Zug durch diese auch je $16\frac{1}{2}$ Minuten hindurchgefahren, so hätte der Zug die folgenden Geschwindigkeiten gehabt:

im St. Gotthardtunnel $\frac{14{,}99 \times 60}{16{,}5} = 54{,}51$ km/st

im Appenninentunnel $\frac{18{,}51 \times 60}{16{,}5} = 67{,}31$ km/st

im Simplontunnel $\frac{19{,}73 \times 60}{16{,}5} = 71{,}75$ km/st

Nach diesen und ähnlichen Aufgaben läßt sich, immer noch in demselben Vorstellungsbereich bleibend, auf die Bauzeit der Tunnel zu sprechen kommen. Der Bau des Simplontunnels begann am 13. August 1898 und das Datum, an dem beide Tunnelhälften zusammenkamen, war der 24. Februar 1905. Wieviel Tage liegen zwischen den beiden Daten? Um das auszurechnen, muß man auch die Schaltjahre einrechnen. Die Anzahl der Tage des Kalenderjahres sind im Nichtschaltjahr 365, im Schaltjahr 366. Mit der Einführung des Gregorianischen Kalenders (1582) wurde für die Schaltjahre die Einrichtung getroffen, daß alle durch 4 teilbaren Jahreszahlen Schaltjahre bezeichnen, wovon nur die Jahrhundertzahlen ausgelassen sind, bis auf die Vielfachen von 400 Jahren. So war z. B. 1904 ein Schaltjahr, 1900 kein Schaltjahr, und 2000 wird wieder ein Schaltjahr sein. Diese Festlegung geht auf die mittlere Zahl von Tagen im Jahre: 365,2422 zurück. Der Gregorianische Kalender nimmt hierfür die Annäherung 365,2425, was auf folgende Weise erreicht wird:

$$365 + \frac{1}{4} - \frac{1}{100} + \frac{1}{400} = 365 + 0{,}25 - 0{,}01 + 0{,}0025 = 365{,}2425$$

Der Bruch $\frac{1}{4}$ führt auf das Ansetzen eines Schaltjahres in jedem 4. Jahre, der Bruch $-\frac{1}{100}$ auf das Weglassen der Schaltjahre an den Jahrhunderten, und der Bruch $+\frac{1}{400}$ auf das Wiederaufgreifen der

Schaltjahre alle 400 Jahre. Für die Berechnung der Bauzeit des Simplontunnels ergibt sich demnach:

vom 13. bis 31. August	1898	19	Tage
September	1898	30	„
Oktober	1898	31	„
November	1898	30	„
Dezember	1898	31	„
Jahr	1899	365	„
Jahr	1900	365	„
Jahr	1901	365	„
Jahr	1902	365	„
Jahr	1903	365	„
Jahr	1904	366	„
Januar	1905	31	„
1. bis 24. Februar	1905	24	„
Im ganzen		2387	Tage

Was ergibt sich daraus für das durchschnittliche Vortreiben des Tunnels pro Tag? In 2387 Tagen sind es 19,75 km und daher

$$\frac{19750}{2387} = 8{,}27 \text{ m pro Tag.}$$

Was man bei praktischen Aufgaben vermeiden sollte, sind durcheinander gewürfelte Beispiele, von denen z. B. das erste davon handelt, daß ein Behälter mit Wasser gefüllt wird, das nächste, daß sich ein Fahrzeug bewegt, im dritten etwas verkauft wird usw.; dann bleiben die gefundenen Resultate ohne viel Interesse, weil die betreffenden Vorstellungskomplexe nicht Zeit hatten, sich auszubauen. Zu vermeiden sind auch Beispiele, in denen Preise z. B. von Lebensmitteln vorkommen, bevor diese zuerst auf den gegenwärtigen Stand gebracht worden sind. Insbesondere aber sollte man solchen Beispielen aus dem Wege gehen, die ohne eine reale Beziehung zur Wirklichkeit sind, wie z. B.: Der Vater ist 35 Jahre alt, die Mutter 28 und der Junge 6 Jahre. Wie alt sind sie alle miteinander? Antwort 69 Jahre.

Wertvoll sind solche Beispiele, die Einblick in bestimmte mathematische Beziehungen vermitteln, wie z. B.: Um wieviel nimmt der Umfang eines Rades zu, wenn sein Radius um 1 dm vergrößert wird? $2(r+1)\pi=2r\pi+2\pi$, also um rund 60 cm. Um wieviel würde der Erdumfang zunehmen, wenn der Erdradius 1 dm größer wäre? Antwort: $2(r+1)\pi=2r\pi+2\pi$, also wieder um 2π dm = 60 cm, um denselben Wert wie der Umfang eines Rades.

Für die Bereiche, aus denen man Aufgaben wählt, eignen sich auch historische Zusammenhänge, wie z. B.: Vom Leben des griechischen Mathematikers Diophantes, der um 250 n. Chr. in Alexandria wirkte, wissen wir nicht mehr als die Angaben, die in einer Aufgabe einer griechischen Aufgabensammlung von der Zeit aus dem 1. Jahrhundert nach seinem Tode enthalten sind. Diese lautet: Sieh hier das Grab des Diophantes und höre das Maß seines Lebens! Ein Sechstel schenkte ihm Gott für seine Kindheit. Nach einem weiteren Zwölftel trug er den Bart (Zeichen der selbständigen Persönlichkeit), nach dem nächsten Siebentel entzündete er das Licht der Heirat, und 5 Jahre danach ward ihm ein Sohn geboren. Elas, ein liebes, aber unglückliches Kind, zur Hälfte glich es dem Vater, und es war auch dessen halbe Lebenszeit, die ein ungünstiges Schicksal ihm zumaß. Der Vater betrauerte des Sohnes frühen Tod durch die 4 restlichen Jahre seines Lebens. Sage uns Du nun seines Lebens Maß.

Die Aufgabe drückt sich in der Gleichung aus:

$$\frac{x}{6} + \frac{x}{12} + \frac{x}{7} + 5 + \frac{x}{2} + 4 = x$$

welche nach Multiplizieren mit 84 die vereinfachte Form annimmt:

$$14x + 7x + 12x + 420 + 42x + 336 = 84x.$$

Durch ein Zusammenziehen der Glieder, die x enthalten, und der übrigen auf der anderen Seite erhält man: $9x = 756$ und $x = 84$.

Somit ergibt sich für das Leben des Diophantes:

Gott schenkte ihm für seine Jugend:	14 Jahre
Er trug das Zeichen des Bartes mit	21 Jahren
Er entzündete das Licht der Heirat mit	33 Jahren
Ein Sohn ward ihm geboren mit	38 Jahren
Der Sohn lebte 42 Jahre bis zum Alter des Vaters von	80 Jahren
4 Jahre betrauert Diophantes den Tod seines Sohnes und stirbt mit	84 Jahren.

Auch zum besseren Verständnis von Formeln lassen sich historische Gegebenheiten heranziehen: Als sich in einer Gegend Amerikas bereits eine entsprechende Zusammenarbeit zwischen den Angehörigen der weißen und roten Rasse hergestellt hatte, forderten die Kolonisten die Indianer auf, auch von ihren Einrichtungen, z. B. ihren Banken, Gebrauch zu machen. Man zeigte ihnen die Safe-Anlagen, in denen ihr Geld wohl aufbewahrt würde. Sie hätten auch für die Aufbewahrung nichts zu bezahlen, sondern bekämen im Gegenteil noch Zinsen für ihr Geld. Die Indianer hörten sich das Angebot mit Interesse an und hielten dann Rat, ob sie es annehmen sollten. Sie zeigten zunächst Vertrauen, als aber zur Sprache kam, daß die Aufbewahrung nichts kosten und sogar Zinsen tragen sollte, kam der Einwand auf, daraus sei klar, daß die Weißen das Geld garnicht in den festen Kellern aufbewahren, sondern Geschäfte damit machen wollten. So kam der Beschluß zustande, das Angebot abzulehnen.

Anschließend läßt sich zur Zinsrechnung auch noch die folgende Erwägung anstellen: Man überdenkt zwei Arten, die Höhe der Zinsen von seiten der Banken festzusetzen. 1. Jeder, welcher der Bank Geld leiht, bekommt dafür einen bestimmten Betrag zugerechnet, unabhängig davon, wieviel und wielange er Geld leiht. 2. Man bekommt umsomehr Zinsen, je mehr Geld man der Bank leiht und je länger man es ihr beläßt. Die erste Berechnungsweise würde dazu führen, daß jeder einer Bank möglichst wenig Geld und für möglichst kurze Zeit leihen würde. Man würde sein Geld auf möglichst viele Banken verteilen und so oft wie nur möglich wechseln. Bei der zweiten Berechnungsweise ist es dagegen von Vorteil, der Bank möglichst viel Geld und für möglichst lange Zeit zu leihen. Sie kommt in der Zinsformel

$$Z = \frac{k \times p \times t}{100}$$

(Z für Zinsen, und k für Kapital in derselben Geldeinheit, p für Prozente und t für Zeit in Jahren)

zum Ausdruck, worin der Begriff Prozente auf der einfachen Abrechnung beruht, zunächst für eine Mark und jedes Jahr einen Pfennig zu geben. Bei höheren Zinsen als 1 Prozent gibt die Bank dann für jede Mark nicht nur einen, sondern mehrere Pfennige, die p Prozent, die in der Formel vorkommen.

Ausblick auf die Oberstufe

Der Lehrplan der Waldorfschulen ist für die mathematischen Gegenstände auf den Oberklassen dem einer Oberrealschule vergleichbar, bringt aber verschiedene Ergänzungen, die auf prinzipiellen Erwägungen beruhen. So ist z. B. für das 9. Schuljahr die Kombinationslehre angesetzt, die sonst meistens erst im 12. Schuljahre durchgenommen wird. Die Kombinationslehre ist geradezu ein Schlüssel zu grundlegenden Überlegungen der Algebra. Zu Anfang der betreffenden Unterrichtsepoche kann man z. B. auf die Sitzordnung einer Klasse zu sprechen kommen und die Frage aufwerfen, wieviel Sitzordnungen für eine Klasse von z. B. 30 Schülern und 30 Plätzen möglich sind. Die Frage läßt sich noch dadurch konkretisieren, daß man nach der Zeit frägt, die erforderlich wäre, um alle möglichen Sitzordnungen zu durchlaufen. Für ein Mittel von nur 10 Sekunden pro Sitzordnung und 8 Stunden pro Tag, kommt man mit nur wenig freien Tagen zu 1 Million Sitzordnungen im Jahre. Man läßt nun zunächst die Schüler schätzen, wieviel Zeit sie zum Durchlaufen aller Sitzordnungen ansetzen würden und notiert die Schätzungen, wie sie eben kommen, an der Tafel. Meistens stellt sich eine beträchtliche Verschiedenheit in den Angaben ein, von einigen Stunden über viele Jahre bis zu Jahrhunderten. Zur Lösung des Problems muß man nach einem Wege suchen, auf dem die Sitzordnungen abzählbar werden. Es läßt sich folgendermaßen verfahren:

Man nimmt an, die 30 Sitzplätze stünden zunächst leer und die Schüler warteten draußen. Nun wird der erste Schüler hereingerufen. Er kann einen von 30 Plätzen einnehmen. Mit seiner Wahl ist der Anfang einer Sitzordnung gemacht, und 30 verschiedene solcher Anfänge sind möglich. Nun wird der zweite Schüler hereingerufen. Für ihn besteht nur noch die Auswahl aus den 29 freien Plätzen. Mit der getroffenen Wahl ist der zweite Schritt im Festlegen der Sitzordnung getan. Zu jeder der dreißig ersten Möglichkeiten sind 29 zweite hinzugefügt, also für die beiden ersten Schritte 30 × 29 Möglichkeiten. Nun wird ein dritter, ein vierter Schüler hereingerufen usw., und mit jedem geht die Aufstellung der Sitzordnung einen Schritt weiter. Dabei baut sich die Zahl der Möglichkeiten zu

$$30 \times 29 \times 28 \times 27 \times 26 \times 25 \ldots 5 \times 4 \times 3 \times 2 \times 1$$

auf. Dieses Produkt wird zusammenfassend als 30 Faktorielle oder auch 30 Fakultät bezeichnet und 30! geschrieben. Ausmultipliziert ergibt es:

265 252 859 812 191 058 636 308 480 000 000

Mit einer Million Sitzordnungen pro Jahr gerechnet, folgt daraus für die Zeit zum Durchlaufen der Sitzordnungen:

265 252 859 812 191 058 636 308 480 Jahre,

jedenfalls weit über die Grenze alles dessen, was jeweils hätte empirisch festgestellt werden können. Das rechnerisch-denkerische Erfassen der Anzahl der Möglichkeiten geht somit über Ausführbares und Experimentelles hinaus.

Nun läßt sich anschließen, die möglichen Sitzordnungen zunächst bei einer kleineren Anzahl von Plätzen und Schülern, z. B. von nur 4, im einzelnen zu verfolgen. Man fordert die Klasse auf, verschiedene Anordnungen anzugeben, z. B. 1234, oder 3142, oder 4123. Sie werden an die Tafel geschrieben. Sind die Möglichkeiten erschöpft, so wird man trachten, sie in eine Ordnung zu bringen. Als Reihenfolge wird sich empfehlen:

1234	2134	3124	4123
1243	2143	3142	4132
1324	2314	3214	4213
1342	2341	3241	4231
1423	2413	3412	4312
1432	2431	3421	4321

Die letzte Anordnung ist die Umkehrung der ersten. Es ergeben sich 4 Gruppen: Die erste enthält alle jene Anordnungen, die mit 1 beginnen, die zweite jene, die mit 2 beginnen, die dritte jene, die mit 3 und die letzte Gruppe jene, die mit 4 beginnen. Entsprechend sind sie in 4 Kolonnen geschrieben. Jede von ihnen gliedert sich erneut in 3 Unterabteilungen und zwar nach den Ziffern, die von links nach rechts gezählt an zweiter Stelle stehen. Jede der Unterabteilungen umfaßt zwei Anordnungen. Die Gesamtzahl der Anordnungen ergibt sich demnach unmittelbar als:

$$4 \times 3 \times 2 \times 1 = 4! = 24.$$

Man spricht von den 24 Permutationen von 4 Elementen.

Zu wieder anderen Überlegungen wird man geführt, wenn man aus einer bestimmten Anzahl von Schülern für eine vorliegende Arbeit eine Gruppe auszuwählen hat. Angenommen, man habe 6 Schüler zur Verfügung und 4 werden zu der Arbeit gebraucht. Es bestehen dafür die folgenden Möglichkeiten der Auswahl:

1234	2345	3456
1235	2346	
1236	2356	
1245		
1246	2456	
1256		
1345		
1346		
1356		
1456		

Man bezeichnet sie als Kombination von 4 aus 6 Elementen. Man hat 15 Kombinationen erhalten.
Mehr Kombinationen lassen sich nicht finden; 2 1 3 6 wäre z. B. dieselbe Kombination wie 1 2 3 6.
Beim Aufstellen der Kombinationen von 3 aus 6 Elementen erhält man:

123	234	345	456
124	235	346	
125	236		
126		356	
	245		
134	246		
135			
136	256		
145			
146			
156			

also

4 + 3 + 2 + 1 + 3 + 2 + 1 + 2 + 1 + 1 = 20 Kombinationen.

Die Kombinationen von 2 aus 6 Elementen sind:

12	23	34	45	56
13	24	35	46	
14	25	36		
15	26			
16				

5 + 4 + 3 + 2 + 1 = 15. Wird aber von 6 sich zur Verfügung stellenden Schülern nur einer gebraucht, so hat man die 6 verschiedenen Möglichkeiten, jeden der 6 Schüler einzeln auszuwählen. Ein Stück Logik erfordert die Frage, wieviel verschiedene Möglichkeiten bestehen, der Situation nachzukommen, daß von den 6 Schülern keiner zur Arbeit gebraucht wird. Die Antwort ist: Hier ist durchaus eine Lösung mög-

lich, aber nur 1 Lösung, nämlich alle Schüler nach Hause gehen zu lassen. Hingegen ist die Anzahl der Möglichkeiten, aus 6 Schülern eine Gruppe von 7 zusammenzustellen, Null. Für 6 Elemente ergibt sich somit als Reihe der Anzahlen aller möglichen Kombinationen:

1 6 15 20 15 6 1

Die Anzahlen von Kombinationen lassen sich nun aus denen der Permutationen berechnen. Für das Beispiel der Kombinationen von 3 aus 5 Elementen sind zunächst sämtliche Permutationen von 5 Elementen zusammengestellt:

12345	21345	31245	41235	51234
12354	21354	31254	41253	51243
12435	21435	31425	41325	51324
12453	21453	31452	41352	51342
12534	21534	31524	41523	51423
12543	21543	31542	41532	51432
13245	23145	32145	42135	52134
13254	23154	32154	42153	52143
13425	23415	32415	42315	52314
13452	23451	32451	42351	52341
13524	23514	32514	42513	52413
13542	23541	32541	42531	52431
14235	24135	34125	43125	53124
14253	24153	34152	43152	53142
14325	24315	34215	43215	53214
14352	24351	34251	43251	53241
14523	24513	34512	43512	53412
14532	24531	34521	43521	53421
15234	25134	35124	45123	54123
15243	25143	35142	45132	54132
15324	25314	35214	45213	54213
15342	25341	35241	45231	54231
15423	25413	35412	45312	54312
15432	25431	35421	45321	54321

Greift man aus diesen Permutationen jene heraus, die an den linken drei Stellen die Zahlen 1; 2; 3 enthalten, die erste Kombination von 3 aus 5 Elementen, so erhält man:

12345 21345 31245
12354 21354 31254

13245 23145 32145
13254 23154 32154

In ihnen kommen alle Permutationen der Zahlen 1; 2; 3 vor, deren Anzahl 3! ist, und jede von ihnen kommt einmal in Verbindung mit 4; 5 und einmal mit 5; 4, den Permutationen der restlichen Zahlen 4 und 5 vor (2!). Es kommt somit die Kombination von 1; 2; 3 im ganzen 3!×2! Male vor. Ebenso oft kommt jede andere der Kombinationen von 3 aus den 5 Elementen vor. Die Anzahl der Kombinationen von 3 aus 5 Elementen geht somit aus den 5! Permutationen als

$$\frac{5!}{3!\ 2!} = \frac{5\times4\times3}{1\times2\times3}$$

hervor, was $\binom{5}{3}$ geschrieben wird. Analog erhält man aus den Permutationen von 7 Zahlen für die Kombinationen von 3 aus 7 Elementen:

$$\frac{7!}{3!\ 4!} = \frac{7\times6\times5}{1\times2\times3} = \binom{7}{3}$$

und allgemein aus den Permutationen von n Zahlen für die Kombinationen von r aus n Elementen:

$$\frac{n!}{r!\ (n-r)!} = \binom{n}{r}$$

Durch Berechnung lassen sich wesentlich rascher als durch komplettes Anschreiben die Anzahlen der möglichen Kombinationen für verschiedene Elemente bestimmen. Bei 8 Elementen sind die Anzahlen für die Kombinationen von 0; 1; 2; 3; 4; 5; 6; 7 und 8 Elementen:

1 8 28 56 70 56 28 8 1

Für die entsprechenden Reihen von Anzahlen für die Kombinationen erhält man in Dreiecksanordnung die Zahlen des sogenannten Pascal'schen Dreiecks.

1
1 1
1 2 1
1 3 3 1
1 4 6 4 1
1 5 10 10 5 1
1 6 15 20 15 6 1
1 7 21 35 35 21 7 1
1 8 28 56 70 56 28 8 1
1 9 36 84 126 126 84 36 9 1
1 10 45 120 210 256 210 120 45 10 1
. . . .

Die erste Zahl jeder Zeile ist 1, die zweiten Zahlen sind die natürlichen Zahlen, die dritten bestehen aus den Dreieckszahlen: 1; 3; 6; 10 ... (aus Geldstücken dieser Anzahlen lassen sich Dreiecksanordnungen zusammenstellen), die vierten aus den Pyramidenzahlen (aus Geldstücken dieser Anzahlen lassen sich dreieckige Pyramidenanordnungen aufbauen).

Mit dem Pascal'schen Dreieck steht man nun nicht nur an einer Schlüsselstellung der Kombinationslehre, sondern auch der Lehre der Potenzen in der Algebra. Durch fortgesetztes Multiplizieren von $a + b$ stellen sich wieder die Zahlen des Pascal'schen Dreiecks ein (binomischer Lehrsatz):

$$(a+b)^0 = 1$$
$$(a+b)^1 = a + b$$
$$(a+b)^2 = a^2 + 2ab + b^2$$
$$(a+b)^3 = a^3 + 3a^2b + 3ab^2 + b^3$$
$$(a+b)^4 = a^4 + 4a^3b + 6a^2b^2 + 4ab^3 + b^4$$
$$(a+b)^5 = a^5 + 5a^4b + 10a^3b^2 + 10a^2b^3 + 5ab^4 + b^5$$
$$(a+b)^6 = a^6 + 6a^5b + 15a^4b^2 + 20a^3b^3 + 15a^2b^4 + 6ab^5 + b^6$$
$$(a+b)^7 = a^7 + 7a^6b + 21a^5b^2 + 35a^4b^3 + 35a^3b^4 + 21a^2b^5 + 7ab^6 + b^7$$

. . . .

Der Zusammenhang mit den Anzahlen der Kombinationen läßt sich am besten durch Ausmultiplizieren der folgenden Reihe übersehen:

$$(1+x_1) = 1+x_1$$

$$(1+x_1)(1+x_2) = 1+x_1+x_2+x_1x_2$$

$$(1+x_1)(1+x_2)(1+x_3) = 1+x_1+x_2+x_3 \quad +x_1x_2+x_1x_3+x_2x_3+x_1x_2x_3$$

$$(1+x_1)(1+x_2)(1+x_3)(1+x_4) = 1+x_1+x_2+x_3 \quad +x_4 \quad +x_1x_2+x_1x_3+x_1x_4$$
$$+x_2x_3+x_2x_4+x_3x_4+x_1x_2x_3+x_1x_2x_4+x_1x_3x_4+x_2x_3x_4+x_1x_2x_3x_4$$

. . . . , ...

Werden zuletzt alle x mit einem Index einfach durch x ersetzt, so werden die Produkte von gleichen Anzahlen der Faktoren identisch, und damit werden die Anzahlen der Kombinationen zu den Koeffizienten der Glieder in den verschiedenen Potenzen von x.

Im Anschluß an die Kombinationslehre läßt sich zuletzt auch noch die Aufgabe rechnerisch lösen, die sich aus dem Zahlenquadrat von Seite 29 ergab. Es trat darin die Frage auf, welche Gruppen von je 4 Zahlen aus der Zahlenreihe von 1—16 die Summe 34 ergeben. Geht man, analog wie bei den Permutationen und Kombinationen vor, daß man zuerst jene Zusammenstellungen von 4 Zahlen — die als Summe 34 ergeben — ansetzt, welche die kleinsten Zahlen an den ersten Stellen haben und dann die größeren folgen lassen, so kommt man zuerst auf: 1 + 2 + 15 + 16, denn nachdem die beiden niedrigsten Zahlen angesetzt sind, fehlen noch 31 auf die Summe 34. Höhere Zahlen als 16 stehen nicht zur Verfügung. Um auf 31 heraufzukommen, muß man die beiden höchsten Zahlen 15 und 16 einsetzen. Für die nächst niederen Zahlen an den ersten Stellen: 1 und 3 braucht man noch 30 zur Ergänzung auf die Summe 34. Der Ansatz 15 + 15 fällt aus, da die Zahl 15 nur einmal zur Verfügung steht. Es bleibt somit nur 14 + 16 übrig und man erhält: 1 + 3 + 14 + 16 = 34. Für die nächst niederen ersten Zahlen, 1 und 4, hat man zwei Lösungen zur Verfügung: 1 + 4 + 13 + 16 und 1 + 4 + 14 + 15, und auf diese Weise weitergehend erhält man:

1 2 15 16

1 3 14 16

1 4 13 16
1 4 14 15

1 5 12 16
1 5 13 15

1 6 11 16
1 6 12 15
1 6 13 14

1 7 10 16
1 7 11 15
1 7 12 14

1 8 9 16
1 8 10 15
1 8 11 14
1 8 12 13

1 9 10 14
1 9 11 13

1 10 11 12

2 3 13 16
2 3 14 15

2 4 12 16
2 4 13 15

2 5 11 16
2 5 12 15
2 5 13 14

2 6 10 16
2 6 11 15
2 6 12 14

2 7 9 16
2 7 10 15
2 7 11 14
2 7 12 13

2 8 9 15
2 8 10 14
2 8 11 13

2 9 10 13
2 9 11 12

3 4 11 16
3 4 12 15
3 4 13 14

3 5 10 16
3 5 11 15
3 5 12 14

3 6 9 16
3 6 10 15
3 6 11 14
3 6 12 13

3 7 8 16
3 7 9 15
3 7 10 14
3 7 11 13

3 8 9 14
3 8 10 13
3 8 11 12

3 9 10 12

4 5 9 16
4 5 10 15
4 5 11 14
4 5 12 13

4 6 8 16
4 6 9 15
4 6 10 14
4 6 11 13

4 7 8 15
4 7 9 14
4 7 10 13
4 7 11 12

4 8 9 13
4 8 10 12

4 9 10 11

5 6 7 16
5 6 8 15
5 6 9 14
5 6 10 13
5 6 11 12

5 7 8 14
5 7 9 13
5 7 10 12

5 8 9 12
5 8 10 11

6 7 8 13
6 7 9 12
6 7 10 11

6 8 9 11

7 8 9 10

Zusammen sind es 19 + 19 + 18 + 15 + 10 + 5 = 86 Möglichkeiten.*)

*) Vergleiche die Seiten 29—34.

Geleitwort zur Neuauflage

Hermann von Baravalle wurde von Rudolf Steiner im zweiten Jahr an die 1919 gegründete erste Waldorfschule in Stuttgart berufen. Bis 1938 wirkte er vor allem als Mathematiklehrer, wobei er durch seine begeisternde Darstellungsweise und einen Sinn für mathematische Schönheit durch Vorträge und Publikationen eine breite Tätigkeit ausübte. 1938 ging er in die Vereinigten Staaten, und durch seinen befeuernden Einsatz entstanden eine Reihe von Waldorfschulen in Nordamerika. Er wurde ein vielbeachteter und geschätzter Professor für Mathematik am Adelphi-College in Long Island und lehrte auch an der Yeshiva-Universität in New York. Nach Ende des Zweiten Weltkrieges wirkte er im Rahmen der wieder erstandenen deutschen Waldorfschulen in Mitteleuropa und wurde das Vorbild für eine ganze Mathematiklehrer-Generation. Er starb 75jährig 1973 in der Nähe von Freiburg. Seine bekanntesten Werke („Zur Pädagogik der Mathematik und Physik", „Geometrie als Sprache der Formen", seine Lehrbücher zur Physik u. a. m.) vermögen bis heute belebende Gedanken für den Lehrer zu geben.

Die hier neu aufgelegte kleine Schrift zum Rechenunterricht wendet sich vor allem an Klassenlehrer. Sie sollen unverändert erscheinen, auch wenn heute die „Zähl-Didaktik", die der Verfasser vertritt, in der Ausbildung der Waldorflehrer stärker mit den Anregungen Rudolf Steiners für den Rechenunterricht durchdrungen wird. Themen wie die Berücksichtigung der Temperamente bei der Behandlung der Rechenoperationen, die sorgfältige Pflege von analytischem und synthetischem Denken und v. a. m. finden sich hier nicht explizit. So wird insbesondere für den ersten Unterricht der Klassenlehrer nach den entsprechenden Büchern von Ernst Bindel und neueren Darstellungen gegriffen. Unberührt davon bleibt, daß dieses Werk durch die Unter- und Mittelstufe hindurch viele belebende Anregungen für den Umgang mit Zahlen geben kann.

Ernst Schuberth

Inhalt

Waldorfpädagogik im J. Ch. Mellinger Verlag

v. BARAVALLE, Hermann
Die Geometrie des Pentagramms und der goldene Schnitt
4. Auflage, 30 Seiten, 28 geometrische Figuren, kartoniert
ISBN 3-88069-005-7

BINDEL, Ernst
Das Rechnen. Menschenkundliche Begründung und pädagogische Bedeutung
3. Auflage, 84 Seiten, kartoniert
ISBN 3-88069-013-8

Die Arithmetik, Menschenkundliche Begründung und pädagogische Bedeutung
124 Seiten, zahlreiche erläuternde Figuren, kartoniert
ISBN 3-88069-014-6

BAUR, Alfred
Sprachspiele – für Kinder
eine heitere Hilfe für richtiges Reden, mit einem Beitrag über die Entwicklung des grammatikalischen Sprechens beim Kinde.
2. Auflage, 176 Seiten, 19 Abbildungen, kartoniert
ISBN 3-88069-052-9

NIETZOLD, Jochen
Freudiges Bewegen –
Turnspiele für jung und alt
236 Seiten, Pappband
ISBN 3-88069-066-9

CLAUSEN, Anke-Usche; RIEDEL, Martin
Zeichnen – Sehen lernen
Methodisches Arbeitsbuch, Band I
4. Auflage, 256 Seiten, zahlreiche Abbildungen, Großformat, Pappband
ISBN 3-88069-021-9

Plastisches Gestalten mit verschiedenen Materialien
Methodisches Arbeitsbuch, Band II
2. Auflage, 368 Seiten, sehr zahlreiche Abbildungen, Großformat, Pappband
ISBN 3-88069-022-7

Plastisches Gestalten in Holz mit der dazugehörigen Baumkunde
Methodisches Arbeitsbuch, Band III
3. Auflage, 400 Seiten, sehr zahlreiche Abbildungen, Großformat, Pappband
ISBN 3-88069-023-5

Schöpferisches Gestalten mit Farben. Mit Materialkunde
Methodisches Arbeitsbuch, Band IV
2. Auflage, 260 Seiten, über 500 farbige Abbildungen, Großformat, Pappband
ISBN 3-88069-024-3

Waldorfpädagogik im J. Ch. Mellinger Verlag

Der Sonne Licht
Lesebuch der Freien Waldorfschule mit 2 Wachskreidezeichnungen von Kindern der Schule
10. Auflage, 104 Seiten, Leinenstruktur
ISBN 3-88069-038-8

v. HEYDEBRAND/UEHLI
Und Gott sprach
Biblisches Lesebuch der Freien Waldorfschule (Altes Testament) mit 31 Illustrationen nach mittelalterlichen Holzschnitten
29.–35. Tausend, 224 Seiten, Leinen
ISBN 3-88069-039-1

LIEVEGOED, B. C. J.
Entwicklungsphasen des Kindes
3. Auflage, 148 Seiten, 8 Bilder, verschiedene Abbildungen im Text, kartoniert
ISBN 3-88069-123-1

HAHN, Herbert
Von den Quellkräften der Seele
3. Auflage, 156 Seiten, 1 Abbildung, kartoniert
ISBN 3-88069-150-9

Vom Ernst des Spielens
Eine zeitgemäße Betrachtung über Spielzeug und Spiel
3. Auflage, 54 Seiten, kartoniert
ISBN 3-88069-032-4

v. HEYDEBRAND, Caroline
Vom Seelenwesen des Kindes
8. Auflage, 192 Seiten, kartoniert
ISBN 3-88069-192-4

WILMAR, Frits
Wie wirken Rundfunk und Fernsehen auf Kinder
3. Auflage, 64 Seiten, kartoniert

UDO DE HAES, Dan
Der singend spielende Kindergarten
mit mehreren Liedbeispielen
2. Auflage, 136 Seiten, mehrfarbiger Umschlag, kartoniert
ISBN 3-88069-114-2

Urbilder der Kleinkindseele
Vom Schwellenübertritt und Zweiweltensein der frühen Kindheit
52 Seiten, farbiger Einband, kartoniert
ISBN 3-88069-188-6

SCHRÖER, Therese
Über praktische Kindererziehung
Ein Standardwerk innerhalb des weiten Feldes der Erziehungsschriften mit einem Vorwort von C. v. Heydebrand
5. Auflage, 116 Seiten, kartoniert
ISBN 3-88069-153-3

BLUME, Christhilde
Kleinkinderzeichnungen – Spiegel der Entwicklung
Kinderzeichnungen der ersten sieben Lebensjahre, betrachtet vom Pädiater als Spiegel der Entwicklung in Gesundheit und Krankheit
3., wesentlich erweiterte Auflage, 64 Seiten, 19 farbige, 38 schwarzweiße Abbildungen, broschiert
ISBN 3-88069-164-9